はじめに

　北陸鉄道金名線の「金」は金沢、「名」は名古屋を示す。これは北陸鉄道が金沢と名古屋を結ぶ路線を計画したのではなく、戦時中の国策により金名鉄道を含む石川県下の七つの交通事業者を統合して北陸鉄道(新)が誕生した際、旧社名を線名にしたことから、旧金名鉄道の路線が北陸鉄道金名線となった。

　それでは、金名鉄道は、金沢と名古屋を結ぶべく設立されたのか。それも違う。地元鶴来町の小堀定信が、手取川上流の豊富な森林資源と、豊富な水を利用した発電所建設計画に着目して、トロッコ程度の簡易な鉄道の建設を計画した。おそらく最初は鉄道や軌道の建設に免許や特許が必要であるといった認識がなかったのではないだろうか。一方で「岐阜県大垣より福井県大野を経て石川県金沢に至る鉄道」は1922(大正11)年制定の鉄道敷設法別表で示されていて、その経路に線路を敷設するには免許を受けた本格的な鉄道である必要があった。そんな中で大垣、その先にある名古屋と金沢を結ぶ鉄道というイメージから金名鉄道と命名したと推察する。

　大正末期には、出雲大社と広島の宮島からその

名を採った大社宮島鉄道という鉄道も存在したが、こちらは出雲と三次の間の免許を取得していて（実際の開業区間は18.7km）、出資を仰ぐためにも壮大な社名が必要であった。そういう意味では、「金名」は構想というよりスローガン的であったと言えよう。

　紆余曲折を経て金名鉄道は白山下～鶴来町間が開業した。この時点で現在の石川線とつながって、北陸鉄道金名線となってからほどなくして金沢市内から電車が直通で乗り入れるようになる。本書の準備に際して国立公文書館の資料から知り得たことであるが、実は金名鉄道は白山下から岐阜県・郡上八幡や美濃白鳥への鉄道敷設免許申請を行った事実があった。まだ越美南線が通じる前ではあったが、建設が具体化していた時期で、他社線を介しているとは言え金沢と名古屋をつなごうとしたこともあったのである。しかし、申請は免許とならず、結果としては「金名」の名はスローガンのままで終わってしまった。

服部駅を駆け抜ける野町行電車。山里離れたこの駅は、昭和30年開業と金名線の中では一番新しい駅だったが、末期には2往復が停車するのみであった。　　1984.5.6　服部　P：名取紀之

白山下で折り返しを待つモハ3731。接続するバスはまだボンネットバスだった。
1977.4　白山下
P：寺田裕一

1．ありし日の金名線

　私が北陸鉄道金名線を最初に訪れたのは1976（昭和51）年3月30日であった。金沢市内に前泊し、午後に野町から鶴来へ。そして、午後一番の白山下行きに乗車した。

　加賀一の宮を発車した電車は、手取川に沿って南下し、手取中島～広瀬間で手取川本流を渡った後、手取川の谷間にわずかに開けた平地を進んだ。保線が行き届いていないのか横揺れが激しく、吊皮が荷物棚に当ってカチカチという音がする。服部は、古くは行違い可能駅であったというが、この頃には一日2往復のみの停車となっていた。大日川には河合鉱山の陶石積み込み施設が残っていたものの、もう鉄道での陶石輸送

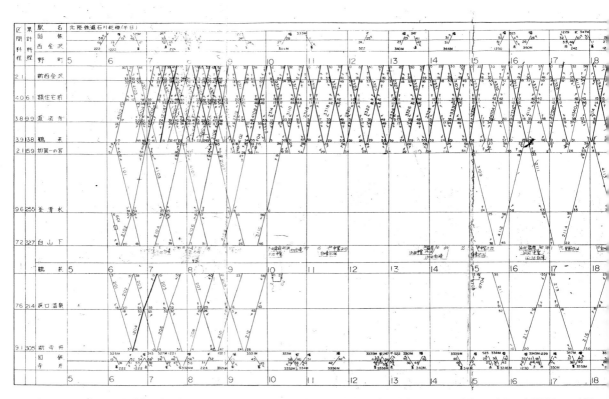

1978年12月17日改正石川総線（平日）列車運行図表。11～14時台は金名線、能美線には全く列車がない。能美線旧天狗山の砂利側線へ不定期

は行われていなかった。

　大日川発車後に手取川支流の大日川を渡り、手取川沿いにさらに南下すると、次第に平地は狭まっていく。釜清水は鳥越村役場に近く、最後まで電車の行き違いが行われ、夜間になると車輛と乗務員が滞泊した。釜清水から先は山間となり、時折左側に見える手取川は鋭く裂けたV字谷で、息をのむ光景が続いた。下吉谷、西佐良、三ツ屋野とホーム一面の駅員無配置停留場に停車する。

　終着白山下は機廻し線を持つ配線であったが、この時にはもう無人駅となっていた。この日は駅の構内に残雪があったことが記憶に残っている。

■

　私にとって金名線で印象深いのは3回目の訪問となった1981（昭和56）年2月の2日間であった。

　この前年までは9月の廃線が近づく能美線訪問を優先したことから、北陸鉄道に行っても同じ時間帯しか電車が走らない金名線には行くことができず、久しぶりの訪問であった。

　1980（昭和55）年の年末から翌年の年始にかけて、テレビでは連日の大雪を伝えており、2月に東北・北海道・北陸地方の撮影へ行くことを決めていた私の闘志は高ぶっていた。

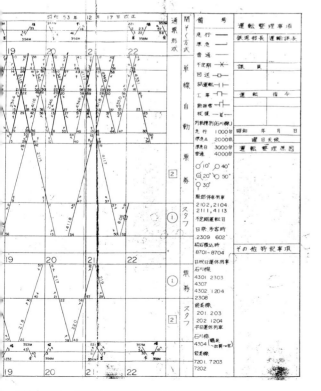

加賀一の宮駅の運賃表。白山下まで420円也。
1980.9.14　加賀一の宮　P：寺田裕一

列車（8701〜8704）が設定されているのにも注意。

■北陸鉄道金名線概念図

手取川の支流、大日川を渡る。野町発白山下行2111列車モハ3741。　　　　1981.2.22　大日川－下野　P：寺田裕一

ようやく大学2年の学年末試験を終え、2月8日の急行「八甲田」で上野を出発。南部縦貫鉄道、津軽鉄道、三菱石炭鉱業大夕張鉄道を回ったものの、ニュースとは裏腹に積雪は意外に少なかった。実は前年も同じ頃、同じ地域を訪れていたのだが、この年は各地の積雪は前年並みか前年以下であった。新潟は特に少なく、私が訪ねた2月21日朝にはもう雪は残っておらず、白根の駅員さんの話では「今年は一番積もった日で20cmくらいでした」とのことであった。

少々がっかりしつつ新潟を後にし、金沢に向かった。案の定、金沢市内はかなり溶け始めていて、地面が顔をのぞかせている所もあった。金沢駅前からバスで野町へ、そこから夕刻の白山下行きに乗車した。

電車は国鉄接続駅である新西金沢で少し客を拾ってから、軽便鉄道がルーツであることがわかる急曲線で左に折れ手取川扇状地である平野を進む。鶴来からは金名鉄道により開業した区間で、曲線がきつくなり、積雪も多くなる。このまま白山下まで行きたいと衝動に駆られるが、陽が落ちてしまったので、加賀一の宮で下車してユースホステルとしても営業していた民宿旅館「かのや」の客となる。

翌22日(日)朝、鶴来始発加賀一の宮6時15分発の下り101列車モハ3761で白山下を目指す。

次第に平地は狭まり、あたりは一面雪景色となり、

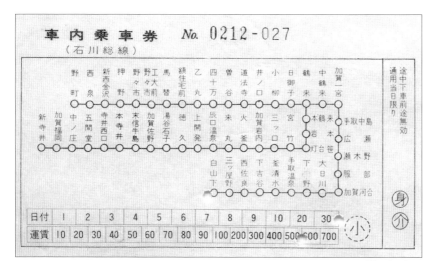

所蔵：寺田裕一

奥に進むほど雪の高さが増す。手取川の本流と支流を渡り、金名線内唯一の交換可能駅である釜清水で2102列車と行き違い、ここを過ぎると線路を囲むように雪の壁が出来ていて、高さは2mを超えている。

この101列車は、白山下折り返し上り列車のための回送のような存在で、乗客は極めて少なく、手持ちぶさたそうな車掌さんに積雪の多さに話を向けると。
「これでも少し消えた方です。何しろ30日間運休しましたから」
「そう、あれは昨年の12月28日の夜でしたか。一晩に1m積りまして、翌朝から金名線は全線不通になりました。少しずつ除雪を始めましたが、もちろんその後も雪は降り続くし…とにかく白山下まで全通したのは1月30日のことです」

白山下で下車したのは私ひとりであった。

白山下駅は、構内が雪に埋もれていた。機廻し線のような側線は雪の下で、列車1本が発着できるスペースだけが確保されていた。静寂の中を夢中でシャッターを切り続け、時が経つのを忘れるほどであったが、モハ3761は7時11分に2104列車として白山下を離れ、その28分後に野町始発としては一番列車の4103列車モハ3751が白山下に到着する。どうせ早朝の下りは

静寂に包まれた朝の白山下駅で折り返しを待つモハ3761。
1981.2.22　白山下　P：寺田裕一

晩年の金名線で唯一の行き違い駅だった釜清水。4105列車白山下行と2106列車野町行が行き違う。　1981.2.23　釜清水　P：寺田裕一

三ツ屋野駅は雪に閉ざされた世界だった。
1981.2.22 三ツ屋野
P：寺田裕一（3枚とも）

誰も乗っていないだろうと勝手に決め込んでいたが、意に反して電車の中からは、スキー客とともに自分と同じようにカメラバックと三脚を持ったファンが降りてきた。みな雪の多さに驚きの声を上げていた。

その後は、雪壁の間を抜ける列車の写真が撮りたくなり、三ツ屋野へ歩く。2106列車モハ3751、4105列車モハ3773を捉え、雪壁に埋まる三ツ屋野停留場から4108列車モハ3773で釜清水へ。ここで2107列車モハ3741との交換風景を撮影。その後、鳥越中学校から駅と3110列車モハ3741を撮影、ここで午前の列車は終了。移動のためバス停へと向かう。

金名線は10時から15時までは一本の電車もなく、その間の移動はバスに頼るしかない。バスを待っていると地元のオバさんと話をする機会を得た。
「そうやねえ、サンパチ豪雪と同じくらい降ったんと違うやろか。電車も長い間止まっとったらしいけど、おとうちゃんは車で仕事に行くし、ワタシも買い物はバスを使っとうで、そう不便やとは思わなんだよ」

これが金名線の実状なのか。そういえば朝の撮影の合間に訪れた釜清水駅の駅長も嘆いておられた。
「（昭和）38年に電車が止まったときは、地元の人も他に交通機関がないもんやから、是が非でも電車を走ら

野町発では朝一番の4103列車からは。意外にもスキー客とレイルファンが降りて来た。　1981.2.22　白山下　P：寺田裕一

▲一面の銀世界のなか、クハ1724を先頭にした2104列車野町行準急が先を急ぐ。
　1981.2.23　下吉谷－西佐良
　　　P：寺田裕一

▶▼釜清水での2102列車野町行準急と(左)と101列車白山下行の行き違い。
　1981.2.22　釜清水
　P：寺田裕一(2枚とも)

せなあかん、と思って住民総出で除雪を手伝ってくれた」
「だけど、今年は誰も手伝ってくれへん。我々だけでやらねばならなんだ」
「そら、道路はええよ。除雪は県や自治体がやってくれる。でも電車は、道からして自分で直していかなあかん」
　最後に、ぽつりと一言付け加えられた。
「昔は道路が止まっても電車は動いた。今は、その逆や。時代が変わったんやね。」
　バスが鶴来に近づくと、驚くほど雪が少なくなった。山間部と平野部の差に驚き、午後は再び金名線沿線に繰り出した。鶴来からバスで手取中島駅に向かい、午後一番の3109列車モハ3773を手取川橋梁で撮影し、瀬木野―服部間で白山下折り返しの4112列車を望遠レンズで撮影。再びバスを利用して2111列車モハ3741を大日川橋梁のサイドから、折り返し2114

釜清水に到着する2102列車、クハ1723が先頭の2輌編成野町行準急。　　　　　　　　　　　1983.8.29　釜清水　P：寺田裕一

列車は大日川駅進入を撮影しながら乗車。この時点で夕闇が近付き、常宿化した「かのや」泊。
　雪壁の中を走る電車を目の当たりにした感動は相当なもので、翌23日(月)も釜清水に向かい、鳥越中学校から交換風景を俯瞰撮影した。

■

　結果的に最後の訪問となったのは、京阪電鉄入社の年、1983(昭和58)年で、寝屋川列車区で車掌をしていた公休日の8月29日(月)であった。26日(金)と27日(土)が日本レイルファンクラブの氷見合宿で、自分だけ28日(日)夜に「かのや」に宿泊している。盛夏の朝の強烈な日差しを受けながら、白山下と釜清水―下吉谷間で撮影を重ねた。金名線が大日川橋梁付近の岩盤の崩壊により休止となったのは、この約2ヶ月後のことであった。

▲乗客の姿もまばらな車内。
　1983.8.29　P：寺田裕一

▶夏の下吉谷―西佐良間を行くモハ3732。両側に山が迫っていたが、線路沿いは意外に田園が多かった。
　1983.8.29　P：寺田裕一

◀(上)加賀一の宮駅に進入する野町行モハ3762。この頃の金名線はほとんどの列車が野町直通であった。
　1980.5.5　P：寺田裕一

◀(下)釜清水―下吉谷を行く。
　1979.4.29　P：元木史昭

乗客を満載して走る金名鉄道のガソリンカー・キハ3。　　　　　　　　　　　　　　1939.9.27　P：西尾克三郎

2. 金名鉄道の時代

■地方鉄道敷設免許申請

　金名線の前身である金名鉄道について、北陸鉄道の社史『北鉄の歩み』には次のように記されている。
「しかし手取川上流は豊富な森林資源を有して木炭を産し、更に豊富な水を利用しての発電所建設計画もあり、これまで物資の搬出に利用された県道、白峰線では道路や橋りょうに破損も多く、不便で不経済であった。
　鶴来町の小堀定信は、地元の産業開発には鉄道の建設こそ必要として私財をなげうって、その実現を試みた。最初、彼は建設が決定していた白山水力発電所の資材運送用トロッコを建設して、漸次、本格的な鉄道にする計画であったが、鉄道省（大正9年5月15日に鉄道院を廃して鉄道省となった）から予定線に決定している区間にトロッコは困ると反対され、本格的な鉄道建設に計画を立て直した。
　そこで彼は、白山水力と工事資材を鉄道によって運送する契約を結び、その運送費40万円を前借りして、大正13年（1924）7月1日から工事に着手した。
　第1期工事は河原山～広瀬間であるが、これはもし第1期工事で中断という事態になっても鶴来、あるいは金沢方面から建設の声が上がり、協力者が現れてこようとの考えがあったという。
　工事は沿線住民の協力もあり、翌大正14年（1925）5月8日、第1期線の白山下～加賀広瀬8.6マイル（約13.8km）が完成した。同年12月25日、資本金65万円の金名鉄道（取締役社長　小堀定信）を設立、本社を石川県鶴来町タ126番地（現在の鶴来町今町）に置き、翌15年（1926）2月1日から、片道運賃39銭で正式に営業を開始した」
　文中の河原山とは白山下を指す。一方、『私鉄要覧』によると、鶴来～白山下間の免許は1925（大正14）年5月8日、白山下～加賀広瀬（後の広瀬）間の運輸開始許可は1926（大正15）年1月29日、運輸開始実施は1926（大正15）年2月1日とある。
　つまり、免許日である1925（大正14）年5月8日が白山下～加賀広瀬間の工事が完成した日（＝実際の運転開始日であろう）、1926（大正15）年2月1日が、正式な（届出上の）営業開始日ということであろう。では、なぜ、工事の完成日＝免許日となったのか。
　ひょっとすると、小堀定信は最初、鉄軌道の営業に免許や特許が必要なことを認識していなかったのではないか。工事用のトロッコを敷設する程度の認識で（たとえそれであってもそれなりの手続きは必要であろうが）、準備を進めたのではないだろうか。国立公文書館に残る許認可関連書類の多くは「焼失」と記されていて確認できないが、一旦軌道法で特許を申請し、後に地方鉄道の認可申請に切り替えた形跡があり、通常の地方鉄道であれば地方鉄道補助法による補助を申請するところ、それを辞している。
　以下は、1924（大正13）年11月14日付の石川県知事

から鉄道大臣への副申書である。

　　　　地方鐵道敷設ノ件ニ關シ副申
　縣下鶴来町小堀定信ヨリ石川郡鶴来町、能美郡鳥越村字河原山ニ軌道敷設特許申請ニ付九月十一日付本號ヲ以テ意見ヲ附シ書類進達致置候處今般該軌道ヲ地方鐵道ニ変更方別紙ノ通追願致候右ハ現下交通機関ノ発達ニ鑑ミ適当ノ措置ト被存候條前申請ト差替ヘ御詮議相成度候也
　追テ右鐵道敷設ノ義ハ曩ニ調査ノ上縷報セシ通地方民ノ頗ル歓迎スル所ニシテ用地ノ買収、支障物件ノ移転等既ニ円満解決ノ模様ニ有之資金其ノ他建設上ニ關シテモ有カナル後援者有之事業ノ遂行極メテ容易ナルモノト被認候條御含ミノ上速ニ御詮議相成様致度得ニ申添候

　これに付された調査書には、申請者は経済的に裕福で地域でも信望が厚いこと。沿線は農産物、林産物が多く、また申請者はバスや貨物自動車の事業にも通じており、金沢電気軌道から一部建設資金の融通の協定も行われているので事業は成功の見込みがあること。地域開発のため地元民から開通が熱望されており用地買収の際には時価の半額で買収に応じるとの申し合わせもあることに続いて、以下の項目がある。

四、道路管理者ノ意見
　本軌道ハ地勢上道路敷設スルヲ許サレレハ新設軌道トシテ敷設スルモノニシテ偶々道路ニ併行シ又ハ横断スルケ所アルモ道路管理者ニ於テ何等異議ナキモノナリ

五、他ノ鐵道又ハ軌道ニ及ホス影響
　本軌道ノ其ノ第二期線カ鶴来町ニ於テ金澤電氣軌道ノ石川線ト連絡シ旅客貨物ノ連帯運輸ヲ開始セムトスルモノナレハ該軌道ニ對シ頗ル甚大ナル好影響ヲ興ヘ既免許能美電氣鐵道ノ終点トモ其ノ距離近キニ在リ双方運輸上ノ便益少カラサルモノナリ　唯客年十二月二十七日附第一四一五號ヲ以テ進達シタル白山鐵道ノ第二期計画トハ物貨吸収上幾分ノ影響アルモ該鐵道第二期計画ハ前途尚遼遠ニシテ成否未定ナレハ止ムヲ得サル所ナリ

六、本軌道ノ第二期線ニ對シ能美電氣鐵道ヨリ別途進達ノ通線路延長方申請アリト雖モ同鐵道ハ目下既免許線ノ實施ニ汲々タル而已ナラス延長區間ニハ手取川ニ架橋ノ難工事アリ延長哩程ニ比シ工費多額ヲ要シ採算上不利ナレハ仮ニ延長免許ノ場合ト雖モ之カ實現容易ナラサルモノト思料ス

　金名鉄道は1924(大正13)年5月28日に軌道として線路敷設許可申請を行い、約5か月後の1924(大正13)年10月に地方鉄道に変更した。上記の副申では軌道申請のものを、ほぼそのまま地方鉄道に変更したことが見て取れる。というのも「道路管理者の意見」は、地方鉄道の申請では通常無く、軌道敷設特有の項目であるからである。

　以下は1925(大正14)年3月10日付の金名鉄道代表者である小堀定信から鉄道大臣への追願書。

　　　　地方鉄道敷設免許出願ニ関シ追願
　大正拾参年五月二十八日附ヲ以テ申請仕候鶴来町河原山間延長十二哩金名軌道線路敷設許可出願ニ関シ大正十三年十月地方鉄道法ニ依リ鐵道ニ変更仕度旨追申仕置度旨箇人出願ノ故ヲ以テ建設資金財源ニ就キ御懸念可有之茲ニ事情開陳ノ上更ニ御願申上候間何卒特別ノ御詮議ヲ以テ速ニ御免許相成度候也
一、金澤電氣軌道株式會社並白山水力株式會社ハ鶴来町河原山間十二哩敷設ノ有無ハ兩會社ノ利益問題ニ多大ノ関係有之拙者ト兩社トノ間ニ後援契約締結仕居候ノミナラズ建設資金ハ拙者ノ全財産ヲ投下致候ハ勿論別紙資産証明書ニ示ス拙者實兄石川縣石川郡蔵山村窪田市次郎ト建設資金ノ約三分一投下ノ契約モ成立致居候加之軌条、枕木、機関車等免許ト同時ニ購入契約モ致居軌条枕木ノ如キハ大部分到着致居候且ツ線路用地ハ沿道村民ノ寄附及買収ノ契約等モ成立致居候次第ニ付免許ト同時ニ工事施行認可申請仕リ免許後六ヶ月以内ニハ完全ニ営業開始ノ確信ト準備有之候萬一不許可ノ場合ハ拙者今日迄ノ投下資本ニ相當ニ相成居候次第ニ付事情御洞察ノ上是非共此際御免許相成　免許ニ就テハ如何様ノ条件ヲ附セラルルモ何等異議無之候　右事情ヲ具シ此段追願仕候也

　軌道から地方鉄道に変更した申請から半年後のこの追願書には、認可の見込みが立たない切迫した状況が文言から感じ取れる。一つは法人ではなく個人が申請者であることに対しての説明、二つ目は金沢電気軌道と白山水力電気と協力関係にあることと、資金に懸念がないことの説明、何よりも本来は免許後に調達する線路と枕木に関して既に大部分が到着していることを白状。最後には、免許を得るためにはいかなる条件を付けられても異議申し立てをしない、といわば白旗を上げる内容である。

■白山下～加賀広瀬間開業
　前述の通り、鳥越村河原山(白山下)～鶴来町間鉄道敷設免許申請は1925(大正14)年5月8日に免許となった。第1期線白山下～加賀広瀬(後の広瀬)間工事施行の件は1925(大正14)年11月27日認可、翌11月28日に線路工事着手届。なお、工事施行の件と同日に起業目論見書記載事項中事業資金総額変更の件(35万円から65万円に)が認可となっている。

　1925(大正14)年11月30日付で、第二次一部工事施行認可申請がなされた。申請書によると、車輌は、四輪連結タンク機関車2輌、四輪客車4輌(内2輌手用制動機付、前使用者名古屋鉄道、旧番号は12及はへ16)、四輪有蓋貨車3輌(内2輌手用制動機付、前使

用者名古屋鉄道、旧番号に 3、積載重量 9 噸)、四輪無蓋貨車 2 輛(前使用者金沢電気軌道、旧番号ト 1・ト 4)とある。

認可申請本文の客車数と添付表(表 1)の輛数が合致しない理由は解らない(実際には、本文に記されている蒸気機関車 2 輛と、その他は前所有者番号が記されているものが開業時の車輛であった)。また、荷物緩急車ニ 1 は、この時点では客車ではなく有蓋貨車としてカウントされている。

この申請に対しては 1925(大正 14)年 12 月 21 日に監鐵第八一三三號一として鉄道省より金名鉄道起業者小堀定信に通牒された。

通牒

本年十一月三十日附申請線路工事方法変更及假設工事施工ノ件別紙ノ通リ指令相成候處同日附申請一部工事施行ノ件ハ短區間ナルヲ以テ便宜線路及工事方法ノ変更トシテ右ニ包括認可相成候儀ニ付了知有之候

白山下～加賀広瀬間は 1926(大正 15)年 1 月 29 日認可・2 月 1 日で開業した。書類上の記録が事実であるならば、1925(大正 14)年 11 月 28 日工事着手で 1926(大正 15)年 2 月 1 日開業、つまり工期はわずか 2 箇月であったことになる。工事区間は山深く豪雪地帯で、とてもそのような短期間で工事が竣工するはずがなく、社史『北鉄の歩み』に記されている、1924(大正 13)年 7 月 1 日工事着手、翌年 5 月 8 日第 1 期線完成が実態に近いと思われる。

開業時の車輛は、動力車は近江鉄道から譲り受けた 5 号機と借り入れた 6 号機の 2 輛(ともに 1913 年マッファイ製 15.1tB タンク機)。客車は名古屋鉄道(初代)から譲り受けた、もと尾西鉄道の客車・緩急客車・荷物緩急車が各 1 輛の計 3 輛。無蓋貨車は金沢電気軌道から譲り受けた 7t 積と 9t 積であった。

鉄道統計資料によると昭和元年度の年度末営業哩程は 8.6 哩、延日哩程は 2,347.8 哩、従って 273 日の営業。列車走行哩は 26,100 哩なので、全列車が白山下～加賀広瀬間とすると、一日平均 11.1 回、すなわち一日 5～6 往復の運行であったことがわかる。列車の走行哩に旅客と貨物の設定は無く、全てが混合列車であった。客車の連結距離は 55,075 哩、貨車の連結距離は 9,389 哩から、混合列車の組成は、客車は 2 輛連結、貨車は 1 輛連結が有るときと無い時があったと思われる。

1926(昭和元)年度の旅客人員は 90,501 人・貨物 6,075t、営業収入 40,087 円・営業支出 22,803 円・益金 17,284 円であった。

■加賀広瀬～鶴来町間開業

第 2 期線加賀広瀬～鶴来間工事施行の件は 1926(大正 15)年 8 月 18 日認可、同年 8 月 24 日に工事着手届。加賀広瀬～神社前間は 1927(昭和 2)年 6 月 11 日認可・6 月 12 日実施で開業、神社前～鶴来町間はその

■表 1　白山下、廣瀬間建設費豫算書

項	金額(円)	
測量及び監督費	26,100	
用地費	125,360	
土木費	70,460	
橋梁費	23,800	
溝橋費	19,710	
伏樋費	5,568	
軌道費	99,915	
停車場費	5,400	
車輛費	28,000	機関車 2 輛、客車 2 輛、貨車 3 輛
諸建物費	4,698	
運送費	7,482	
建築列車費	7,482	
建築用具費	2,784	
柵垣及境界杭費	870	
通信線路費	5,220	
総経費	17,151	
合計	450,000	

建設資金の出資方法は個人出資とす

■表 2　金名鉄道各種統計の推移

年度	旅客(人)	荷物(t)	貨物(屯)			輸送密度(人/km日)	営業収入(円)						営業費(円)	営業損益(円)	鉄道従業員(人)					機関車		客車※1		荷物車
			小口扱	車扱	計		旅客	荷物	郵便物	貨物	運輸雑収	計			本社	運輸	土木	計	輛数	重量	輛数	定員	輛数
昭和元	90,501	4	285	5,790	6,075	239	26,043	142	─	8,652	5,250	40,087	22,803	17,284	11	16	16	45	2	30	2	100	1
2	106,830	5	708	7,265	7,973	168	25,756	298	─	11,971	344	38,369	46,840	▲8,471	7	16	16	39	2	30	2	100	1
3	145,024	39	1,279	13,223	14,502	211	38,670	480	684	26,645	136	66,615	53,315	13,300	3	19	18	40	2	37	2	100	1
4	130,163	42	1,155	4,258	5,413	186	31,774	732	863	8,574	3,153	45,096	42,085	3,011	2	16	11	29	2	36	2	100	1
5	119,288	44	914	3,170	4,084	165	27,129	804	867	6,131	2,873	37,804	34,589	3,215	2	16	11	29	2	36	2	100	1
6	100,555	38	801	2,166	2,967	137	22,016	707	864	4,382	3,192	31,161	28,773	2,387	1	15	10	27	2	36	5(1)	214	
7	96,080	39	626	1,736	2,362	141	22,126	764	873	3,768	1,912	29,444	22,405	7,039	3	15	17	35	2	36	5(1)	214	
8	99,159	42	899	3,796	4,695	161	24,586	809	864	6,360	725	33,344	26,657	6,677	4	13	10	27	2	36	6(2)	254	
9	91,003	36	1,144	5,428	6,572	141	22,023	651	700	8,511	177	32,062	30,690	1,372	3	13	12	28	2	36	6(2)	254	
10	109,704	45	1,538	9,578	11,116	172	26,699	845	871	13,113	234	41,763	39,893	1,820	3	13	12	28	2	36	6(2)	254	
11	99,841	41	1,355	7,280	8,635	150	23,694	784	888	10,160	729	36,255	34,519	1,736	3	13	11	27	3	62	5(2)	214	1
12	119,154	46	1,114	14,539	15,653	187	29,068	934	993	18,652	520	50,167	41,210	8,957	4	16	11	31	2	47	5(2)	224	─
13	150,462	65	1,497	23,871	25,368	263	42,385	1,197	941	36,529	1,705	82,757	47,813	34,944	4	19	18	41	2	47	5(2)	264	─
14	158,544	71	1,340	9,186	10,526	274	43,524	1,225	1,012	15,594	8,185	69,540	51,915	17,635	4	19	12	35	2	47	6(3)	264	─
15	183,545	80	1,585	7,119	8,704	311	49,521	1,276	1,028	12,559	631	65,015	65,620	▲605	4	22	9	35	2	47	6(3)	264	─
16	210,800	129	1,298	8,808	10,106	357	57,815	1,821	1,389	13,254	808	75,087	80,952	▲5,865	4	23	8	35	2	47	6(3)	264	─
17	254,640	70	986	10,800	11,831	443	73,061	1,387	1,799	15,306	1,118	92,671	71,359	21,312	7	17	7	31	2	47	6(3)	264	─

※1：( )内はガソリンカー輛数　※2：昭和元年度のみ哩(マイル)

半年後の1927(昭和2)年12月27日認可・12月28日実施で開業。鶴来町は用地の一部が買収未了、金沢電気軌道鶴来停車場との連絡工事が未完成で、1927(昭和2)年12月27日認可で仮停車場となった。これによって白山下～鶴来町間18.8kmが全通した。

鶴来町仮停車場は、当初は金沢電気軌道鶴来停車場との直通運転は無かった。1928(昭和3)年8月31日に鉄道省に連帯運輸開始届提出の記録が残る。

全通翌年度、つまり初めて通年営業する年度となった1928(昭和3)年度は、旅客人員は145,024人・貨物14,502t、営業収入66,615円・営業支出53,315円・益金13,300円であった。年度末の在籍車輌は蒸気機関車2輌、客車3輌、貨車4輌で、昭和元年度末からは有蓋貨車ワ5とワフ10(元富山県営鉄道ワ5と鉄道省ワフ2940)の2輌が増加した。

1926(昭和元)年度末の資本金総額は65万円、内払込額は32.5万円、開業線建設費は495,701円。諸借入金は30万円で、会社経営上は30万円の借入金が重くのしかかっていた。この解消を目指したのが神社前～鶴来間を金沢電気軌道に売却することであった。

1928(昭和3)年12月26日に金名鉄道の代表取締役初代社長の小堀定信から吉川義農に交代となった。

なお、近江鉄道から借り入れた6号機は1928(昭和3)年5月9日に返却。1928(昭和3)年6月4日車輌竣功届で1651号機(1896年ボールドウィン製※1)が加わった。

■神社前～鶴来間譲渡

1928(昭和3)年12月15日に石川県知事から鉄道大臣に地方鉄道一部譲渡許可申請の関する添申がなされた。要約すると、金名鉄道の神社前～鶴来町間を20万円で金沢電気軌道に譲渡し、20万円は金沢電気軌道からの借入金30万円の元利の返済に充てる。当初は金名鉄道の車輌と乗務員が鶴来に乗り入れるが近い将来、金沢電気軌道は電化の計画があり、金沢市内から列車が乗り入れるようになる、としている。

神社前～鶴来間は1929(昭和4)年3月11日に金沢電気軌道に譲渡された。ただし、車輌直通運転及び共同使用駅に関する契約が6月17日付で、後述の車輌貸渡しが6月17日に遡っての認可申請がなされていることから、3月11日は契約日で、実施日は6月17日であったと思われる。譲渡後しばらくは非電化路線で、1929(昭和4)年9月21日に金名鉄道から車輌貸渡認可申請書が提出された。その内容は1929(昭和4)年6月17日から1930(昭和5)年3月10日まで車輌を貸渡すというもので、貸渡し車輌は表2の通りで、この9輌が金名鉄道の全在籍車輌であった。

車輌直通運転および共同使用駅に関する契約書は次頁の通り。

鶴来～神社前間の電化は1929(昭和4)年9月14日で、これによって金沢電気軌道石川線の列車は白菊町～神社前間直通が可能となり、金名鉄道との乗換駅は神社前に変わる予定であった。また、買収後から電化までの間に金名鉄道時代の鶴来町は鶴来に統合され、鶴来町は廃止となった。しかし、神社前駅拡張の用地買収が進まず、混合列車は金名鉄道の蒸気機関車が牽引して鶴来に乗り入れた。そのため、鶴来～神社前間蒸気動力併用が1929(昭和4)年4月11日認可となった。この蒸気動力併用認可は半年ごとに期限が更新された。用地問題は1931(昭和6)年7月に解決し、蒸気動力併用は解消された。この頃からガソリンカーの運転が始まっているが、鶴来～神社前間でのガソリン動力併用の記録がないことから、ガソリンカーは神社前発着であったと思われる。鶴来～神社前間蒸気動力併用廃止届は1932(昭和7)年7月6日提出で、「7月10日限りで廃止」であった。

■内燃動力併用

1931(昭和6)年5月22日に自働客車購入製作認可申請がなされた。理由書には次の記載がある。

■表2　金沢電気軌道への貸渡し車輌一覧

車種	記号番号	自重	荷重	容積	定員
機関車	5	15.1屯			
	1651	21.0屯			
客車	ハ1	5.85屯			60人
	ハフ2	5.85屯			40人
荷物緩急車	ニ1	6.21屯		荷物3.0	
有蓋貨車	ワ5	4.81屯	7.0屯	6.0	
	ワフ10	5.61屯	8.0屯	5.0	
無蓋貨車	ト1	3.55屯	7.0屯	6.0	
	ト2	3.78屯	9.0屯	7.0	

| 車輌現在表 | | | | 輌数計 | 列車及車輌キロ※2 | | | | |
| 有蓋貨車輌数 | | 無蓋貨車輌数 | | | 列車キロ | | | 車輌キロ | |
7t積	8t積	7t積	9t積	10t積		混合	旅客	計	客車	貨車
—	—	1	1	—	7	26,109	—	26,109	55,075	9,389
1	1	1	1	—	9	57,116	—	57,116	15,458	26,762
1	1	1	1	—	9	81,921	—	81,921	86,110	134,763
1	1	1	1	—	9	79,991	—	79,991	84,401	88,379
—	1	1	1	1	11	69,903	—	69,903	71,013	79,656
—	1	1	1	1	12	49,662	19,608	69,270	52,675	36,430
—	1	—	1	1	12	17,524	56,146	73,670	18,049	21,861
—	1	—	1	1	13	17,661	66,476	84,137	18,440	24,368
—	1	—	1	1	13	13,261	59,435	72,696	13,891	19,110
—	1	—	1	1	13	17,471	74,013	91,484	14,551	34,268
—	1	—	1	1	13	12,921	73,011	85,932	12,921	37,981
—	—	—	—	1	8	27,753	81,123	108,876	46,915	35,089
—	—	1	—	1	9	31,354	62,305	93,659	39,917	35,774
—	—	1	—	1	10	24,764	59,736	83,810	24,665	34,331
—	—	1	—	1	10	21,140	57,063	78,203	23,660	31,357
—	—	1	—	1	10	27,979	53,732	81,711	31,387	46,577
—	—	1	—	1	10	46,850	31,121	77,971	56,978	66,055

沿線ニ於ケル自働車営業車ヨリ受クル影響ヲ緩和スルト共ニ輸送力ノ増加ヲ計ラントスルニアリ差当リ一輛ヲ購入シ弊社線ノ設備完了ヲ待チ尚数輛購入シ専ラ旅客ノ利便ニ供セントスルニアリ

　ほぼ時を同じくして1931（昭和６）年５月23日に瓦斯倫動力併用認可申請がなされた。理由書は次の通り。

沿線ニ於ケル自働車営業車ヨリ受クル影響ヲ緩和スルト共ニ一層交通ノ利便ヲ圖ラン為メ瓦斯動力ヲ併用セントスルモノニシテ差当リ一輛ヲ購入シ専ラ季節列車及不定期列車ノミヲ運転シ当社線ノ設備完了ヲ待チ更ニ数輛ヲ購入シ

車輛直通運転及共同使用駅ニ関スル契約書

　金澤電氣軌道（以下単ニ甲ト称ス）ハ金名鐵道株式會社（以下単ニ乙ト称ス）トノ間ニ於ケル昭和三年十月十六日附鶴来町驛神社前驛間ノ譲渡契約及之ニ関スル鐵道省ノ許可ニ基キ昭和四年六月十七日乙ヨリ同区間ノ鐵道設備等一切ノ引渡ヲ受ケタルニ付キ甲ハ同区間ノ電化及神社前驛ヲ甲乙ノ為メニ共同驛トシテ使用シヘキ諸般ノ設備完了スルニ至ル迄旅客貨物運送ノ便宜上乙ノ列車ノ同区間ニ直通運転ヲ為サシムルノ付左ノ条項ヲ契約ス

第一條　乙ハ自社線現在ノ列車運轉時刻表ニ基キ甲ノ管理ノ下ニ鶴来町驛神社前驛間ヲ運轉上必要ナル車輛ヲ連結シ定期列車及必要アルトキハ双方協議ノ上臨時列車ヲモ乗入シ運轉スヘキモノトス但シ乗入シ運転及其準備作業等一切ノ費用ハ乙ノ負担トス

第二條　甲ハ前条ニ依ル定期及臨時列車ノ運転ニ対シ其全費用トシテ一日金八円也ノ割合ヲ以テ列車運転料ヲ乙ニ支払フモノトス

第三條　天災其他ノ不可抗力又ハ線路及機関車ノ故障或ハ乙ノ任意等ニ依リ乙カ本区間ヲ一日十二列車（六往復）ノ運転ヲ為サザル場合ニ於テハ甲ハ前条ノ料金ヲ十二分シ其回数ニ応ジ運転料金ヲ減額スルモノトス

　但シ甲ノ責ニ帰スヘキ事由ニ依リ運転スルコト能ハサルトキハ此ノ限ニアラス

第四條　乙ハ本区間ノ運輸及営業上ニ関スル事項並ニ構内入換作業等ニ就テハ総テ甲ノ各関係驛長ノ指示ニ従フヘキモノトス

第五條　車輛ノ不完全又ハ運転粗暴其他乙ノ責ニ帰スヘキ事項ニ基キ損害ヲ生ゼシメタルトキハ乙ハ直チニ之ヲ弁償スル義務アルモノトス

第六條　甲ハ甲ノ費用ヲ以テ甲ノ神社前驛ニ甲ノ驛員ヲ配置シ甲乙ノ共同驛トシテ一切ノ驛務ニ従事シ甲ノ何等連帯関係ナキ乙社線ノミノ旅客及貨物ヲ乙ニ代ハリ取扱フモノトス

第七條　前条ノ旅客貨物取扱ニ関スル乗車券、帳票類並ニ諸用紙類其他特ニ乙ノ為ニ要スル費用ハ乙ノ負担トシ毎月其費用ヲ甲ヨリ乙ニ通知シ甲乙連帯決算中ニ加入計算スヘキモノトス

　前項ノ乗車券諸帳票類及諸用紙類等ハ必要ニ応シ予メ甲ヨリ乙ニ実物ヲ提供シ置クヲ妨ケス

第八條　本契約ハ本月17日ヨリ甲ニ於テ本区間ノ電化其他ノ設備ヲアシ乙ノ列車乗入レ運轉ニ必要ナシト認メタルコトヲ甲ヨリ乙ニ通告シタル翌日ニ至ル迄其効力ヲ有スルモノトス　但神社前共同驛ニ関スル第六條第七條ノ規程ニ限リ双方何等異存ナキトキハ本契約締結ノ日ヨリ満一ケ年間有効トシ猶ホ之ヲ延長スルコトヲ得ルモノトス

　右契約ヲ證スル為メ本證書貳通ヲ作成シ甲乙各其壹通ヲ保有ス

　　　　　　　　　　昭和四年六月十七日
　　　　　　　　甲　金澤市上胡桃町五十二番地
　　　　　　　　　　金澤電氣軌道株式會社
　　　　　　　　　　取締役社長　男爵　横山隆俊
　　　　　　　　乙　石川縣石川郡鶴来町ヲ四十五番地
　　　　　　　　　　金名鐵道株式會社
　　　　　　　　　　代表取締役　吉川　義農

車輛直通運転及共同使用駅ニ関スル契約書中一部更改契約書

　昭和四年六月十七日附ヲ以テ金澤電氣軌道（以下甲ト称ス）ト金名鐵道株式會社（以下乙ト称ス）トノ間ニ締結シタル車輛直通運轉及共同使用駅ニ関スル契約書中左記ノ通リ一部更改ヲ契約ス

　契約書主文中末尾ノ「直通運轉ヲ為セシムルニ付」トアルヲ（直通運轉ヲ為スニ付）ト改ム

　第一條乃至第五條ヲ左ノ通リ改ム

第一條　甲ハ乙線所属列車編成ヲ借入レ甲ノ所属線路神社前鶴来間ニ於テ一日十二回（六往復）直通運轉スルモノトス

第二條　甲ハ前條ニ依リ直通運轉ヲ為ス列車ノ所属乗務員ニ對シ甲社線路運轉中ハ甲ノ社員トシテ之ヲ雇入レ列車ノ運轉及旅客貨物ノ輸送ニ従事セシムルモノトス

第三條　甲ハ第一條ニ依リ乙ヨリ借入レノ車輛使用料トシテ一日金貳円及列車直通運轉中ニ於テ消費スル石炭諸油其他一切ノ費用トシテ一日金五円拾銭ノ割合ヲ以テ乙ニ支払フモノトス

第四條　第二條ニ依リ甲カ雇入ルル乗務員ノ給料其他ノ手當ハ一人ニ付一日金三拾銭トス

第五條　甲ハ乙ヨリ借入レノ車輛ニ對シ自社線内ニ於テ甲ノ責ニ帰スヘキ事由ニ依リ破損セシメタル場合ハ之ヲ修復スルモノトス

　第八條中「其他ノ設備ヲアシ乙ノ列車乗入レ」トアルヲ（及神社前共同使用驛ニ於ケル諸般ノ設備ヲ完了シ乙ノ車輛を借入レ）ト改ム

旅客ノ利便ニ供セントスルニアリ

　ガソリン動力併用認可とキハ1設計認可は1931（昭和6）年7月1日で、7月3日から運転が始まった。

　内燃動力併用前の1930（昭和5）年度の列車走行距離は混合列車69,903km（1日に全線を5～6往復）で、機関車が客車・貨車各1輌を牽引するのが標準的な形態。ガソリンカー2輌在籍となった1933（昭和8）年度はガソリンカー66,476km、混合列車17,661kmで、全列車が全線通しの運転とすると、1日にガソリンカー5.5往復、混合列車1.5往復程度となり、運転頻度が若干増加していることがわかる。

■ガソリンカーは3輌在籍に

　1931（昭和6）年7月3日からガソリンカー・キハ1（日本車輌製）の運転が始まり、従来の混合列車5往復から、ガソリンカー5往復・混合列車2往復程度に運転頻度の向上と運転形態の変更がなされた。年間輸送人員は10万人（一日平均274人）程度、貨物輸送トン数は3千t程度で、能美電気鉄道と比べても旅客・貨物とも1/3程度の水準であった。

　1933（昭和8）年10月6日車輌譲受使用認可申請で多摩湖鉄道のガソリン客車ジハ102（1928年松井工作所製）を譲り受けてキハ2とし、1938（昭和13）年11月20日購入使用認可申請で旧池田鉄道（長野県：1938年6月6日廃止）キハ1（1936年日本車輌製）を購入してキハ3とした。ガソリンカーによる旅客列車は1937（昭和12）年度に7往復（別に混合列車2往復）程度となった。

　この頃の日本は1931（昭和6）年の満州事変をきっかけとして、1937（昭和12）年から日中戦争に入り、次第に戦時統制が強まっていく。1938（昭和13）年頃から石油の統制が厳しくなり、ガソリンカーの燃料確保に腐心するようになる。ガソリンカーの列車距離は1937（昭和12）年度の81,123kmをピークに、1938年度62,305km、1939年度59,736kmと漸減し、1942（昭和17）年度には31,121kmとなった。燃料確保が困難なのは自動車交通も同じで、金名鉄道の並行バス路線の運行がままならなくなると、輸送人員は1937（昭和12）年度の11.9万人が1938年度15.0万人、1939年度15.8万人、1940年度18.3万人、1941年度21.0万人、1942年度25.4万人と5年間で2倍以上になった。ガソリンカーの運行に支障が出始めると、蒸気機関車牽引の混合列車がカバーするようになる。

■線路増強と鉄道省貨車直通

　1934（昭和9）年11月に枕木増設が届け出られた。これは、軌道を強化して将来の国有鉄道所属車輌の直通運転によって輸送効率を増進するためであった。

　同じ頃、1934（昭和9）年11月26日に省有機関車（1045号機：1904年日本鉄道大宮工場製・26.4tCタンク機[2]）の譲受仮使用認可申請。これに対し、当局は12月27日、本機関車軸重が軌道負担力を超過していることから枕木増設工事が竣工するまでは、最高時速16km以下とすることと、一時限りで、との使用条件を付けた。さらに混合列車の牽引に使用するならば制限速度の範囲内での列車発着時刻変更の手続きをとることと枕木増設工事の竣工予定期日の明示を要求。これに対して金名鉄道は1935（昭和10）年1月4日付で、本機関車は混合列車の牽引に使用するものではなく冬季降雪に際し除雪車として使用する。混合列車の牽引は5号機関車と別途出願中の機関車を使用。また、1651号機は牽引力減退して大修理を要する。なお、枕木増設工事竣工予定は4月30日と回答している。

　1045号機の譲受仮使用認可（この時点で4号機に改番）は1935（昭和10）年1月18日、竣功届2月7日で、仮使用の使用期限は1935（昭和10）年4月30日までとされた。

　1045号の譲受使用に注文がついたことから加越鉄道所属の2号機（1913年コッペル製）の借入運転を1935（昭和10）年1月4日に申請。借入期間は枕木増設工事竣工まで（契約は1935年4月4日まで）で、機関車使用料は一日10円。4月11日申請で借入期間は1935（昭和10）年7月4日まで延期した後、2号機は7月5日に正式に譲り受けた。枕木増設工事竣工届は1935（昭和10）年7月2日。4号機の仮使用を本使用に変更の件は1935（昭和10）年7月3日申請であった。これによって時速16km以下の運転速度の制限が解除となった。

　一方、1935（昭和10）年1月19日にレールの30kg/mへの変更について認可申請。さらに1936（昭和11）年6月12日に軌条変更及び枕木増設認可申請がなされた。これは30kg/mレールで認可されたものを25kg/mに変更して枕木を増設するといったもので、認可は8月29日、竣工届提出は11月1日であった。

昭和拾弐年弐月四日附監第二七八號ヲ以テ當社鐵道ノ軌道負擔力ヲ増加スル為メ三十瓩軌條使用ノ件御認可相受候處當社ノ都合ニ依リ二十五瓩軌條ニ変更シ　既設二十五瓩軌條使用ノ部分ニ對シ別紙ノ通リ枕木増設致度関係書類添付此段及申請候也

理由書

軌道負擔力ヲ増加シ将来國有鐵道所属ノ車輛ノ直通運轉ニ依リ輸送効率ノ増進ヲ計ルタメ昨年二月四日現在使用ノ二十瓩軌條ヲ三十瓩軌條ニ変更ノ御認可相受候モ相場ノ変

キハ3。車庫の中にもガソリンカーの姿が見える。キハ3は大糸線信濃追分駅を起点とする池田鉄道から廃止後に譲受けたものであった。
1939.9.27　P：西尾克三郎

動等ニ依リ実施困難ト相受候ニ付二十五瓩軌条ニ変更シ且ツ既設二十五瓩軌条ノ部分ニ對シテモ枕木ノ増設ヲナシ全線ニ渉リ輸送効率ノ均衡ニ資セントス

　これらの線路増強の完成を待って、1936(昭和11)年11月1日に省有貨車直通運転認可申請がなされた。この際、直通の対象となった貨車は、「活魚車・レ2500およびレ2900形式冷蔵車・13t以上のタンク車(タム300・タサ1100形式を除く)を除く14t積以下の有蓋・無蓋貨車、自重9tを超過しない15t積ワム・スム形式貨車、17t積以下の無蓋貨車、30t積以下の石炭車、25t積シキ・チキ形式貨車」とされている。

　この際の理由書は、おおむね要約すると、当社鉄道沿線の発展と奥地風水害復旧工事、国・県営砂防工事、ならびに発電所建設工事用諸材料などの貨物の増加に伴い、輸送効率を増進するため、軌条の交換、枕木の増設を行い、これが竣工するので、省貨車の直通運転を行う。これにより一利用者の利便性が向上するだけでなく、経営上も有益である、としている。

　1937(昭和12)年1月15日に追申として、貨車種類が「活魚車、2500並びに2900形式冷蔵車、13t及15t積タンク車、19t積以上のタンク車(タサ700及び1000形式を除く)、17t積無蓋車、25t積有蓋車、35t積以上の大物車、30t積石炭車及35t積長物車を除きたる省有貨車」と改められた。

省有貨車直通運轉申請は1937(昭和12)年1月19日に認可となり、1月26日から実施となった。

■車輌の動き

　5号機は1937(昭和12)年1月8日廃車届。1651号機は1935(昭和10)年1月20日廃止認可申請で廃車。

　客車は1930(昭和5)年7月8日認可でハ2とハフ1(←加越鉄道ロ4とロブ2：1913年實製作所製)が加わり、ハフ1は1935(昭和10)年11月20日廃車。ハ1とニ1は1937(昭和12)年1月9日廃車。ハフ2は1937(昭和12)年11月19日廃車。1934(昭和9)年5月16日譲受申請でコハ1・2(←省コハ2474・2475←簸上鉄道ハ8・9：1924年日本車輌製)が加わった。

　貨車はワ5とト1・2が1937(昭和12)年1月9日廃車届。1938(昭和13)年8月30日竣功届でト1(2代／←省ト8130：1906年日本鉄道本岡工場製)が加わった。

　1943(昭和18)年10月1日蒸気機関車払下願で、豊川鉄道所有C形2号(空車時機関車重量17.63t)を東海道線浜松工機部構内引渡で譲り受けようとしたが、予備機として使用と記したのが災いしたのか、実現には至らなかった。

※1：省1651←陸奥鉄道2←阿波電気軌道2←上武鉄道5←院1013←院96←九州鉄道(初代)96←筑豊鉄道26
※2：省1045←簸上鉄道4←院1045←院406←日本鉄道406

3. 幻の山岳電気鉄道

■白山下～白鳥間敷設免許申請

1926(大正15)年2月1日に白山下～加賀広瀬間が開業し、同じ年の12月24日に白山下～八幡(郡上八幡)間の地方鉄道延長線敷設免許申請がなされた。延長延長59哩40鎖、両白山地を越えて岐阜県美濃地方を目指す遠大な内容であった。その後、届出日付はそのまま再提出がなされ、終点が八幡から白鳥(美濃白鳥)に変更されている。以下は終点変更後の申請書。

地方鉄道延長線敷設免許申請書

御免許相受候石川縣石川郡鶴来町ヨリ同縣能美郡鳥越村ニ至ル延長拾貳哩零鎖間ノ内同縣同郡同村字廣瀬ヨリ同郡同村字河原山ニ至ル延長八哩五十二鎖間ハ既ニ大正十五年二月一日ヲ以テ営業ヲ開始シ同縣石川郡鶴来町ヨリ同縣能美郡鳥越村字廣瀬ハ目下工事中ニ有之来ル十二月中ニ営業開始ノ豫定ニ有之候就テハ今般更ニ前記開業線ノ終點石川縣能美郡鳥越村ヲ起點トシ同縣同郡尾口村、同縣石川郡吉野谷村、岐阜縣大野郡白川村、同縣同郡荘川村、郡上郡高鷲村、同縣同郡北濃村ヲ経テ同縣同郡上保村字白鳥ニ至ル延長五十哩貳拾八鎖ヲ延長、敷設(略)一般旅客及貨物ノ運輸業ヲ相営ミ度候ニ付御免許被成度地方鉄道法ニ則リ別紙関係書類並図面相添此段及申請候也

大正十五年拾貳月貳拾四日
　　　　　　　　石川縣石川郡鶴来町
　　　　　　　　金名鉄道株式會社
　　　　　　　　取締役社長　小堀定信

一、目的　一般旅客及貨物ノ運輸営業ヲ為スコト
二、商号及本社所在地
　　商　　号　金名鉄道株式會社
　　本社所在地　石川縣石川郡鶴来町タ百貳拾六番地ノ五
三、鐵道事業ニ要スル資金並其出資方法
　　工事予算総額金八百貳拾万圓トシ資金ハ資本増加ヲ行ヒ該払込株金ヲ以テ之ニ充當ス
四、線路ノ起終点及其主タル経過地
　　起　点　石川縣能美郡鳥越村
　　経過地　同縣同郡尾口村、同縣石川郡吉野谷村、岐阜縣大野郡白川村、荘川村、郡上郡高鷲村、北濃村
　　終　点　岐阜縣郡上郡上保村字白鳥
五、軌間　三呎六吋
六、動力　電気ヲ動力トス
七、線路　単線

白山下～白鳥間の建設費用概算書は表3の通り。軌間は1,067mm、動力は電気。車輛費の摘要欄には電気機関車30千円×10、客車5千円×50、貨車2千円×100とある。

■表3　白山下～白鳥間の建設費用概算書

項	金額(円)	項	金額(円)
測量及び監督費	176,400	運送費	100,800
用地費	379,440	建築列車費	75,600
土木費	1,387,140	建築用具費	40,320
橋梁費	490,000	柵垣及境界杭費	10,080
隧道費	1,841,400	通信線路費	40,320
軌道費	1,360,800	電力線路費	756,000
停車場費	80,000	変電所費	200,000
車輛費※1	750,000	総係費	302,400
機械場費	40,320	予備費	118,580
諸建物費	50,400	合計	8,200,000

※1：電気機関車10輛、客車50輛、貨車100輛

■表4　営業収支概算書

	数量金額割合		貨物収入(円)	566,596	800
旅客人哩	16,556,400		一哩當(円)	11,242	000
一哩當(人)	328,500		一日一哩當(円)	30	800
一日一哩當(人)	900		雑収入(円)	12,000	000
貨物噸哩	5,150,880		収入合計(円)	1,240,852	800
一哩當(噸)	102,200		一日一哩當(円)	67	452
一日一哩當(噸)	280		営業費(円)	575,253	250
旅客収入(円)	662,256	000	一日一哩當(円)	31	271
一哩當(円)	13,140	000	益金(円)	665,599	500
一日一哩當(円)	36	000	建設費(円)	8,200,000	
			建設費ニ對スル益金割合	0812	

営業収支概算は表4の通り。また、運輸数量表では以下の輸送量が見込まれている。

旅客：白山下、白鳥間　328,500人
　　　上下とも2輛連結一日15往復
貨物：白山下～白鳥間　51,100t
　　　木材、鉱石、石炭、薪炭、石材、米穀、雑貨
　　　白鳥～白山下間　51,100t
　　　米穀、肥料、木材、薪炭、石炭、雑貨

予測平面図および縦断面図によれば白山下～白鳥間の延長は50マイル28チェーン(約81km)で、鶴来町～白山下間の約4倍にあたる。さらに約33‰の急勾配が連続するという、山岳路線が想定されていた。

この免許申請に対する石川県知事の副申は次の通り。

昭和六年二月廿三日
　　　　　　　　石川縣知事　田寺俊信

地方鐵道敷設免許申請ニ関スル件

管下石川郡鶴来町金名鐵道株式會社ヨリ本縣能美郡鳥越村(白山下驛)ヨリ岐阜縣郡上郡白鳥町ニ至ル地方鐵道敷設免許申請ニ依リ昭和三年十一月廿八日附申請書類一先及進達致候處右鐵道敷設ハ當北陸地方ト東海地方トノ連絡ニ便シ交通運輸ノ利便ヲ増進シ地方開発上稗益スル所不尠ト存候得共別紙調査書ノ如ク事業ノ実施ハ當分不可能ナルヤニ被認又貴有自動車運輸営業及昭和鐵道株式會社発起人兼松濤外廿一名申請地方鐵道敷設免許申請ト競願ノ関係モ有之候條可然御詮議相成度岐阜縣知事ト商議ヲ遂ケ別紙調査書及提出候也

■金名鉄道延長計画線路予測平面図①（白山下起点～18マイル付近）

白山下停車場から山を分け入るように、瀬戸停留場（2M15ch）、尾添停車場（4M52ch）、と尾添川に沿って東へ進む。中宮停留場（9M10ch）は中宮温泉に近い。石川県側最後の駅である白山登山口停留場（12M72ch）を過ぎるといよいよ峠越え。妙法山（標高1775.5m）の下を貫く妙法山隧道で岐阜県に入り、一つ目の駅が保木脇停留場（18M12ch）。　　　　　　　　　　　　　（国立公文書館所蔵）

■金名鉄道延長計画線路予測平面図②（白山下起点19マイル付近～35マイル付近）

平瀬停留場（21M36ch）から白川街道（現在の国道156号）に沿って萩町停留場（26M03ch）、中野停留場（28M24ch）と進むが、この付近には現在は御母衣ダムとそのダム湖が出来て地形は大きく変わっている。後に国鉄の自動車駅が設けられる牧戸（30M70ch）には、岐阜県に入っての初めて「停車場」が設定されているが、石川県側の隣の停車場である尾添とは40km以上の距離があることになる。ここから現在の国道158号に沿って、猿丸停留場（32M70ch）は現在の東海北陸自動車道荘川ICの近い。この先、線路は北濃を目指して南下する。

（国立公文書館所蔵）

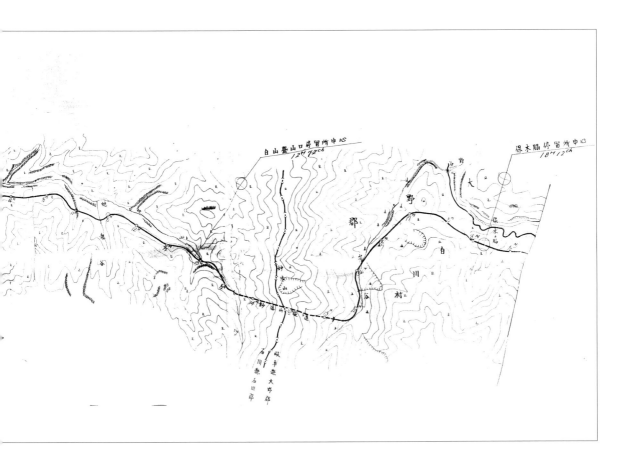
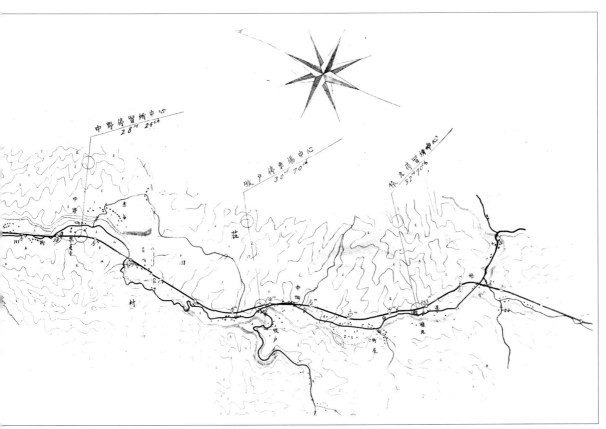

調査書

一、申請者ノ資産及信用程度

　申請會社ノ資本金ハ六拾五萬圓、其ノ内払込額参拾貳萬五千圓ニシテ現ニ鉄道営業ヲ営ミ信用状態普通ナリ

二、事業ノ成否

　本鉄道ノ建設ニ要スル費用ハ概算八百貳拾萬圓ニシテ之カ支払フ為資本金増加ノ計画ナルカ目下ノ財界不況時代ニ於テ増資スルコトハ甚タ困難ナルモノト被認従而當分ノ内ハ事業遂行ノ確実性ナシヤニ認ム

三、事業ノ効用

　本鐵道ハ北陸地方ト東海地方ノ連絡ニ便シ交通運輸上多大ノ効果ヲ齎スノミナラス山間地方ノ開発ニ稗益スル所不尠モノト認ム

四、他ノ鉄道、軌道、索道又ハ自動車等（未開業ノモノヲ含ム）ニ及ホス影響

　鉄道省営業自動車城端白鳥線（未開業ノモノ）ニ多大ノ悪影響アリ

六、他ノ鉄道、軌道、索道又ハ自動車等ノ競願アルトキハ其ノ名称、区間、申請者

　岐阜縣大野郡白川村ヨリ同縣郡上郡白鳥町間二十七哩七十六鎖

　昭和鉄道株式會社発起人　兼松煕外二十一名

　昭和二年三月二十二日申請書受付

■白山下～白鳥間敷設免許却下

　公文書館に残る書類には日付は空欄ながら申請却下の書類が残る。

（石川縣経由）　金名鉄道株式會社

　大正十五年十二月二十四日附金鉄第五十一号申請鉄道敷設ノ縣聴届ケ難シ

理由

　本出願線ハ山岳重疊セル嶮峻ナル地方ヲ曲折シテ走ルコト五十哩余、全線大難工事ニシテ莫大ナル建設費ノ要スルヲ以テ到底収支相償ハス事業成効ノ見込ナキノミナラス目下ノ交通状態ニ於テ敷設ノ要ナキモノト被認

備考

　本出願線路ト競行セル道路ノ大部分（平瀬白鳥間）ニハ現在定期旅客自動車運行中ニシテ尚白川白鳥間ニハ省営自動車ノ計画アルモ実施未定

　金名鉄道の1927（昭和2）年度営業成績は、旅客10万6,830人・貨物7,973t。営業収入38,369円・営業費46,840円・損金8,471円で、このような小規模私鉄が820万円を投じて80km以上の路線を建設することは、誰が見ても難しく、実現する可能性は無いに等しいと言わざるを得ない。となると免許が却下されたことは自然な流れだったといえよう。むしろ、白山下～白鳥間に鉄道を敷設すべく、測量を行って、線路平面

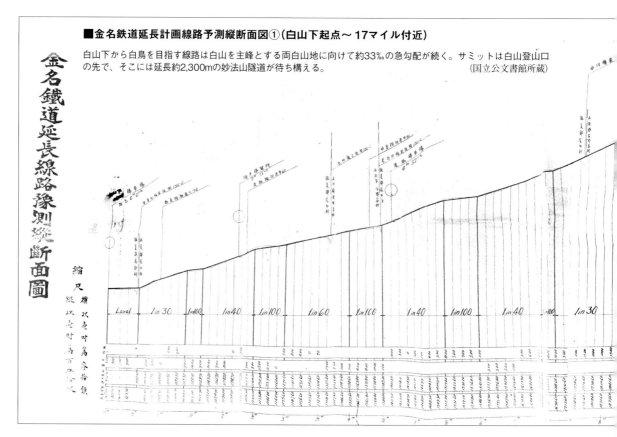

■金名鉄道延長計画線路予測縦断面図①（白山下起点～17マイル付近）

白山下から白鳥を目指す線路は白山を主峰とする両白山地に向けて約33‰の急勾配が続く。サミットは白山登山口の先で、そこには延長約2,300mの妙法山隧道が待ち構える。
（国立公文書館所蔵）

■金名鉄道延長計画線路予測平面図③（白山下起点36マイル付近〜白鳥終点）

荘川村と高鷲村の境をトンネルで越え、鷲見停留場(39M47ch)。次の大鷲停車場(43M40ch)からは再び現在の国道156号沿いに戻る。歩岐島停車場(46M10ch)と二日町停車場(48M13ch)は北濃村に位置し、この中間付近に現在の長良川鉄道北濃駅がある。そして上保村に入るとすぐに終点の白鳥停車場(50M28ch)に到着する。
(国立公文書館所蔵)

図や縦断面図を作成したことに驚かされる。

　岐阜県側から伸びる鉄道省越美南線（現在の長良川鉄道）は、1923(大正12)年10月5日に美濃太田〜美濃町(現在の美濃市)間が開業以来延伸を繰り返し、1929(昭和4)年12月8日に郡上八幡、1932(昭和7)年7月9日に美濃弥富、1933(昭和8)年7月5日に美濃白鳥、そして1934(昭和9)年8月16日には北濃に達している。もしこの延伸が実現し、越美南線と接続すれば、その名の通り金名鉄道を形成するところであったが、それは夢物語に終わった。

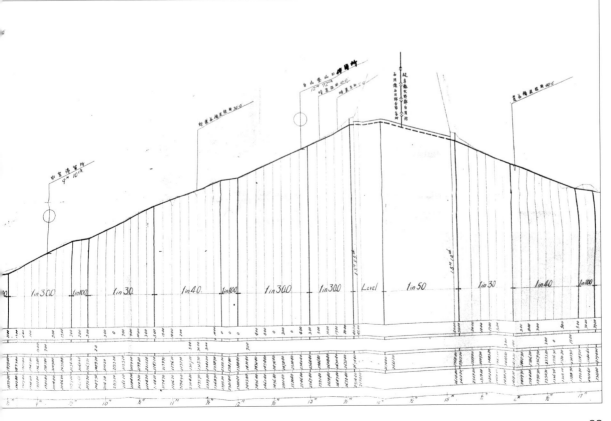

■金名鉄道延長計画線路予測縦断面図②(白山下起点18マイル付近～34マイル付近)

岐阜県に入ると街道沿いのルートを採ることもあって石川県側に比べれば勾配はなだらか。しかし、牧戸を過ぎると再び峠越えのため急勾配が続く。

(国立公文書館所蔵)

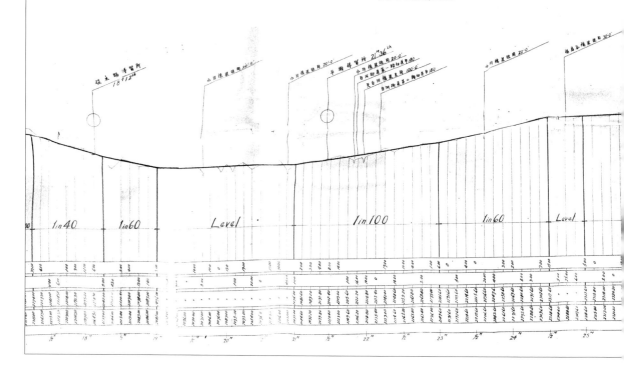

■金名鉄道延長計画線路予測縦断面図③(白山下起点34マイル付近～白鳥終点)

猿丸－鷲見間の峠越えのトンネルが本路線の最高地点。ここから郡上郡に入ると、あとは白鳥に向けて再び急勾配が続く。

(国立公文書館所蔵)

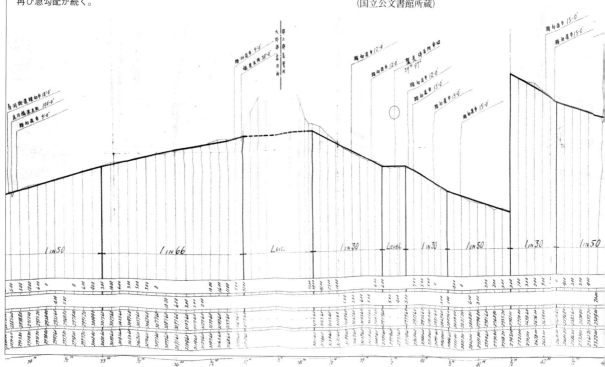

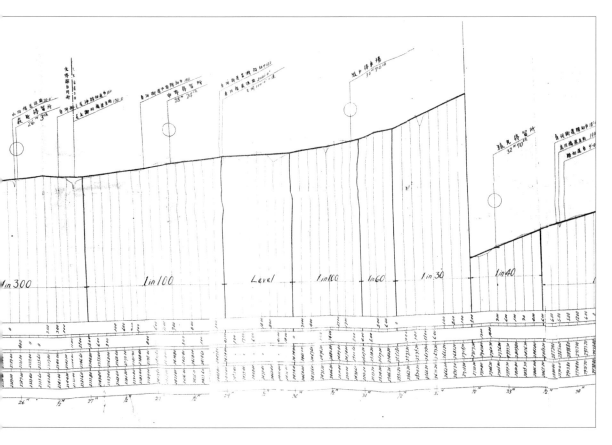
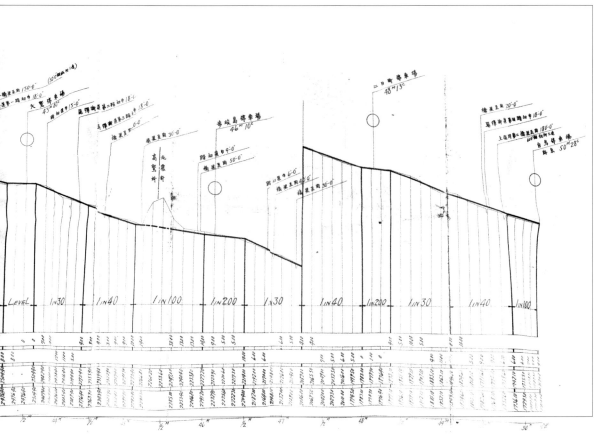

4. 北陸鉄道の時代

■北陸鉄道の成立

　金名鉄道が接続する金沢電気軌道は、戦時下の北陸合同電気への統合と、その交通部門の分離により1942(昭和17)年1月27日に北陸鉄道(旧)となった。翌1943(昭和18)年10月13日には北陸鉄道(旧)、温泉電軌、能登鉄道、金名鉄道、金石電気鉄道、七尾交通、湯涌自動車の7社が合併して北陸鉄道(新)が設立された。残りの小規模バス会社19事業者の合併は1943(昭和18)年12月31日、小松電気鉄道は少し遅れて1945(昭和20)年7月20日、浅野川電気鉄道の合併は戦後の1945(昭和20)年10月1日であった。こうして尾小屋鉄道以外の石川県の全ての鉄道事業者が北陸鉄道となった。

　北陸鉄道となった時点の金名線は、非電化の蒸気動力であったので、列車の運行形態は金名鉄道時代と違いは無く、加賀一の宮～白山下間を蒸気機関車牽引の混合列車または内燃動車が行き来した。旧金沢電気軌道の鉄道線であった白菊町～野々市～鶴来～加賀一の宮間は直通運転が原則で、金沢市内から金名線沿線へは、従来通りに加賀一の宮で乗換となった。

　金名鉄道から北陸鉄道に引き継がれた車輌は、4号機(1949年12月30日の改番でA301)、2号機(同A101)、キハ1(同キハ1001)、キハ2(同キハ1101)、キハ3(同キハ2001)、ハ2(同ハ1001)、コハ1・2、ワフ10、ト1(2代)であった。また、北陸鉄道成立後に能登線から旧能登鉄道1号機(←富山県営鉄道1号機：1921年雨宮製作所製)が異動し、改番でA201となった。なお、蒸機の改番は書類上のことで、実際の番号表記は旧番号のままであった。

■全線電化

　北陸鉄道となった金名線は、多くの人と貨物を輸送した。戦時下と戦後に燃料事情が悪化して自動車交通が麻痺したこともあって鉄道が賑わったのは全国共通の現象であった。また、燃料事情の悪化により内燃動車の運行が困難になり、各地で非電化路線の電化が進められることとなった。

　北陸鉄道の場合、非電化路線は金名線と能登線(羽咋～三明間25.5km)のみで、加賀一の宮で線路がつながる金名線の電化は急務となった。こうして北陸鉄道となった金名線は電化工事へと向かい、1949(昭和24)年12月6日に電気運転を開始した。

　石川線と能美線の直通運転、すなわち原則として列車が白菊町～鶴来～辰口(後の辰口温泉)～新寺井間の運転となったのは、1949(昭和24)年6月21日であった。この時は鶴来～加賀一の宮間が折り返し運転で、金沢市内から白山下に向かうには、鶴来と加賀一の宮で2回の乗り換えを要した。

昭和37年の白山下駅。

1962.5.29　白山下　P：荻原二郎

白山下で発車を待つ白菊町行のモハ1501。石川線が金沢電気軌道時代の1925年に登場した元デホニ100形である。
1962.5.29　白山下　P：荻原二郎

　電化によって蒸気機関車3輌と内燃動車3輌は廃車（キハ1101は電化以前に焼失）となり、ハ2はサハ121、コハ1・2はサハ551・552となった。サハ121は1951（昭和26）年3月廃車。サハ551・552は1952（昭和27）年に加南線、1957（昭和32）年に金石線に転じ、1965（昭和40）年11月に廃車となった。なお、貨車2輌の消息は不明である。

■1950～70年代の金名線
　1949（昭和24）年12月6日に金名線は電化して石川線－金名線の直通運転が可能になるが、1950（昭和25）年10月1日発行の時刻表では1950（昭和25）年2月26日改正として、金名線は全列車鶴来発着。下リは鶴来発初発が5時23分白山下行きで終発が21時10分発加賀広瀬行き。上リは初発が白山下5時発、終発が加賀広瀬21時34分発。鶴来～白山下間9往復、鶴来～加賀広瀬間の区間列車が11往復である。従って鶴来～加賀広瀬間は20往復、概ね50分毎とそれなりの列車密度であった。
　1950（昭和25）年9月に訪問された宮田雄作氏は、東京鉄道同好会の会報『RomanceCar』No.14に「其后の北陸鉄道展望」としてその模様を発表されている。電化直後の状況がよくわかるので、その一部を引用する。
「鶴来で金名線広瀬行モハ821に乗り換える。此車は大正末期の有ふれた車、今乗って来た3001と並行して行く内本鶴来※1でお先に失礼して手取川に沿つて左にそれてゆきます。
　一ノ宮では昨年迄の蒸気運転の面影はまだ残つており、石炭殻が枕木※2をうずめ給水タンクがあつたがこれは今丁度取外しの最中でモハ1001が工事用電車として構内に止つていました。一ノ宮を出て川沿に進むと山は次第に深くなつて来ます。広瀬に到着、車庫はと見ても何もなく側線が一本あつて小さな小屋があり申しわけのように制輪子数個が散らばつているだけ、ふり返るともう一本側線がありそこに待望の蒸気が居たのでやつと安心しました。しかし聞いて見るともう全然使用せず廃車だろうとのこと、庫より1－C－0の4号機が半分顔を出していたがこの車が旧省の1045でした。カメラに収めた后同車を観察するに大分傷んでおり、銘板類は見当たらず上に昇つて車内を見れば床はボコボコで石炭が敷石の如く乱れ飛んでいるが、ススけた器機は一応揃っています。炭庫には石炭が満載されているがいづれ冬になれば駅のストーブに用いられて了ふのでしょう。奥の方の1号機を見たがやはり銘板類はありません。之は4号機と同じく1－C－0で形態も同じです。」
　　　　　　　　　　※1：原文では西鶴来　※2：原文では挽木

　このように、この当時はまだ加賀広瀬に車庫があり、蒸機が残存していたことが分かる。
　1951（昭和26）年7月21日改正で白菊町～鶴来間30分ヘッドの運転が始まり、時刻表1956（昭和31）年12月号では1956（昭和31）年10月1日訂補で白菊町～鶴来

手取遊園駅に到着する白菊町行モハ3004。モハ3000形は金名線が電化された昭和24年に日本鉄道自動車工業で5輌が製造された。この後、金石線へ転じ、さらにその廃止により小松線へと流転していくことになる。　　　　　1962.5.29　釜清水－手取遊園　P：荻原二郎

30分毎・鶴来～新寺井60分毎、鶴来～白山下間は別掲で約60分毎とある。この時点では白菊町～鶴来～新寺井間が運転の基本で、鶴来～白山下間は折り返し運転であった。それが、時刻表1960(昭和35)年4月号では1959(昭和34)年9月22日訂補で、白菊町～鶴来約30分毎、白山下行き・新寺井行き約60分毎と記され、白菊町～新寺井間と白菊町～白山下間が各60分ヘッドとなっている。

『北鉄のあゆみ』の巻末年表からこの間の記述を拾うと、1953(昭和28)年11月1日白菊町～新寺井間に急行列車制定、1955(昭和30)年4月29日急行「手取号」運転開始・白菊町～釜清水間20分短縮、1958(昭和33)年6月8日石川総線スピードアップ大幅ダイヤ改正、とある。

貨物輸送に目を向けると、大日川の上流に大日川ダム及び大日川第1・第2発電所の建設が1952(昭和27)年から始まり、資材輸送のため西金沢中継で多くの貨物を輸送した。そのこともあって1954(昭和29)年にED301が新造されている。

1966(昭和41)年1月15日改正の石川総線列車運行図表(RM LIBRARY230『北陸鉄道金名線』参照)を見ると、鶴来～白山下間は票券閉塞式で、閉塞取扱い駅は鶴来・加賀一の宮・服部・釜清水・白山下。加賀一の宮～白山下間の旅客列車は定期16往復・不定期1往復で、上り初発は白山下5時26分発(4月1日～11月30日／冬季は6時24分発)、終発は21時06分発。下り初発は加賀一の宮6時14分発(7月16日～8月15日は5時43分発急行「手取号」)、終発は20時56分発。貨物列車は全線通して2往復であった。

金名線が賑わっていたのは1960年代までで、沿線の過疎化とモータリゼーションで旅客と貨物の減少が始まり、1970(昭和45)年4月1日に、能美線とともに電車の運行は朝夕のみで昼間はバス代行となった。この段階で服部の閉塞取扱は廃止され、釜清水～白山下間は通票閉塞式からスタフ閉塞式に変更され、白山下は通常駅員無配置となった。朝は釜清水交換で4.5往復、加賀一の宮着10時19分から加賀一の宮発15時05分までの間は列車は無く、夕方は釜清水交換が無く4.5往復、夜間の乗務員と車輌の滞泊は釜清水で、終列車は白山下到着後に釜清水へ回送され、翌朝始発前に釜清水から白山下へ回送された。また、1971(昭和46)年10月11日には貨物営業が廃止となった。

全列車が石川線直通(白山下行き1番列車は鶴来始発)で、単行を基本としていたが、平日朝の一部列車はモハ+クハの2輌編成、車輌は石川線と共通運用であった。

なお、戸籍上の起点は営業廃止時まで白山下で、加賀一の宮が終点であったが、列車運行上は白山下行きが下り、加賀一の宮方面行きが上りであった。

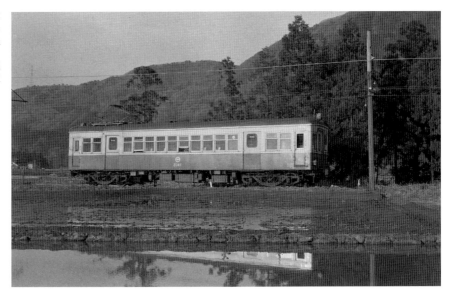

1970年以降は能美線同様に昼間の運転はバス代行となった金名線だが、能美線の廃止以降も運行は続けられていた。
1984.5.6　釜清水－手取温泉
P：名取紀之

5. 金名線の廃止

　1983(昭和58)年10月31日、金名線は大日川橋梁の橋脚付近の岩盤が洪水により崩壊して運転不能に陥った。これは翌1984(昭和59)年3月11日に復旧したものの、その年の12月12日、こんどは手取川橋梁の橋台を支えている岩盤が風化して危険な状態であることが判明し、この日から金名線は再び全線休止となった。

　金名線の廃止は、休止から2年4ヶ月余後の1987(昭和62)年4月29日。さようなら列車が走ることもなく、金名線は歴史の彼方へ消え去った。

　人口希薄地帯を走る金名線が廃止を逃れていたのは、能美線と同じく石川線とつながっていたことが大きな理由であったが、能美線より長く存命していたのは、北陸鉄道が沿線の観光開発に期待を寄せていたためと思われる。

大日川橋梁を行くモハ3741野町行準急。1984年3月の復旧後で、橋脚・橋台の修復跡が生々しい。せっかく復旧した金名線だったが、この写真から7ヶ月後には再び運休となり、その後二度と列車が走ることはなかった。
1984.5.6　下野－大日川　P：名取紀之

手取川橋梁を行く。　1979.4.29　手取中島－広瀬　P：元木史昭

6. 廃止後の金名線

　石川線に組み込まれた鶴来～加賀一の宮間2.1kmは2009（平成21）年10月31日限りで廃止となった。それから約9年を経た今でも踏切の前後などを除くと現役時代のままに近く、加賀一の宮の駅舎もそのままだが、構内はサイクリングロード化の工事が始まっていた。その先しばらくは線路跡が草むらとなり、北陸電力白山発電所の東南から線路跡は舗装された自転車道の「手取キャニオンロード」となる。

　金名線休止の理由となった手取川橋梁は廃止後の早い時期に撤去され、橋台のみが姿を留めていたが、2004（平成16）年に金沢市内の犀川に架かっていた御影大橋が移設されている。この際に、白山下方の橋台の上部は撤去されて新しいものとなり、橋の加賀一の宮方に案内板が設けられている。手取川橋梁の先は、自転車道が線路跡をトレースするようになり、広瀬駅跡はバス停が位置を教えてくれる。ここから大日川駅跡までは、最も早く自転車道となった区間である。瀬木野駅跡には駅名標のレプリカが立ち、大日川駅跡の河合鉱山からの陶石積み込み施設は今も姿を留め、ここにも駅名標のレプリカが新設されている。

　大日川橋梁跡は1999（平成11）年訪問時にはガーダ

駅名標を模したモニュメントが建てられた瀬木野駅跡。
2018.7.14　P：寺田裕一

大日川駅跡。線路跡は道路になったが、木造ホッパはその威容を留める。奥が加賀一の宮方。　2018.7.14　P：寺田裕一

ー橋が姿を留めていたが、2005（平成17）年に大日川駅跡から手取温泉駅跡の先までが白山市道釜清水河合線、通称「てどり桜街道」として開通し（手取キャニオンロードを併設）、線路の痕跡は消えた。手取温泉駅跡にも駅名標のレプリカが立つ。

　てどり桜街道は、県道178号から分岐する市道と合流し、自転車道は鳥越中学校の先から線路跡から外れる。鳥越中学校から先の線路跡は未舗装の通路となり、釜清水駅跡へと続く。この100m余りの区間が、往時の雰囲気が最も感じられる。釜清水の駅舎跡にはそば屋が建ち、構内跡は空地となり、鶴来方には農業倉庫が鉄道現役時代の姿のまま残る。

　釜清水駅跡から先は、再び線路跡を手取キャニオンロードがトレースし、谷間を南へと進む。電車が走っていた頃から沿線人口は少なかったが、過疎化はさらに進み、ほとんど人家が見当たらない。下吉谷駅跡は僅かな空地が駅跡を示し、西佐良、三ツ屋野駅跡もバス停から駅跡を類推するしかない。

　白山下駅跡は、2007（平成19）年11月訪問時はまだ旧駅舎が姿を留めていたが、現在は駅舎は姿を消し、駅名標のレプリカが立てられている。自転車道は線路跡を忠実にトレースしているが、現役時代の駅舎が消えたことは残念でならない。

未舗装の道が往時を偲ばせる釜清水付近。手前が加賀一の宮方。
2018.7.14　P：寺田裕一

自転車道の拠点として整備された白山下駅跡。奥が加賀一の宮方。
2018.7.14　P：寺田裕一

まだ雪が残る両白山地を背に、山里を行く。
1984.5.6　釜清水－手取温泉　P：名取紀之

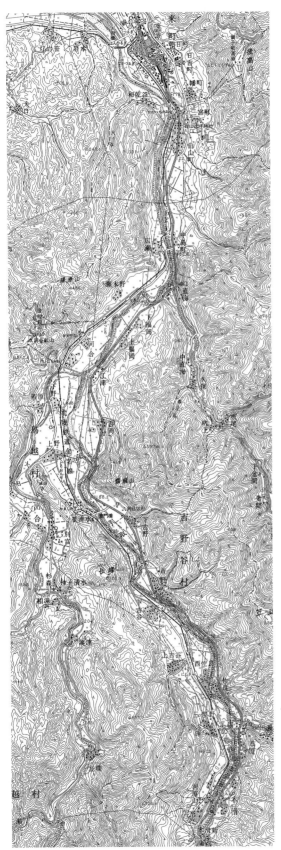

国土地理院発行1/50000地形図「鶴来」(1975年修正・発行)「白峰」(1975年修正・1976年発行)より転載(63%)

7. 金名線の駅

各駅の距離は加賀一の宮から、乗降客数は1984(昭和59)年度の一日平均数値。なお、各駅に跨る事項として、1941(昭和16)年4月21日変更届で、瀬木野・加賀河合・下野・手取温泉・釜清水・下吉谷・西佐良・三ツ屋野の各駅で待合所を拡幅。さらに1942(昭和17)年10月30日変更届で、瀬木野・手取温泉・下吉谷・西佐良・三ツ屋野の各駅で「腐蝕の激しく狭隘な」上屋を拡幅している。

■加賀一の宮(かがいちのみや／0.0km／252人)

1927(昭和2)年6月12日の金名鉄道第二期開業時の終着駅で、当初は神社前停車場と称した。神社とは駅近くの白山比咩神社のこと。鶴来町へ延伸された時点で中間駅となったが、1929(昭和4)年に当駅と鶴来の間が金沢電気軌道に譲渡された時点で両社の境界となり、北陸鉄道(新)が発足した後は石川線と金名線の境界となった。1937(昭和12)年2月8日には駅名が加賀一の宮に改称されている。

石川線が自動閉塞化された後も金名線は非自動化閉塞であったため駅員が配置されていたが、金名線廃止後の1987(昭和62)年11月28日に無人化された。鶴来〜加賀一の宮間も2009(平成21)年11月1日に廃止されたが、駅舎は今も姿を留めている。

■手取中島(てどりなかしま／2.6km／10人)

電化後の1951(昭和26)年7月20日に開設された。盛土のホームに木製の小さな待合室があるだけの駅員無配置の停留場で、白山下行きは発車後に程なく手取川を渡った。

■広瀬(ひろせ／3.0km／44人)

1926(大正15)年2月1日の第1期開業時に加賀広

神社風の加賀一の宮駅。石川線の終着駅としての役目を終えた現在もそのまま保存されている。　1983.8.29　P：寺田裕一

手取中島駅。かつて能美電気鉄道がここまでの延伸を計画したこともあった。　　　　　　　　　　　1981.2.22　P：寺田裕一

非電化時代には車庫もあった広瀬駅。晩年は無人の停留場であった。手前が加賀一の宮方。　　　　1981.2.22　P：寺田裕一

瀬停車場として開設。開業時の終着駅で車庫を併設した。建設時の本設計では本線と側線1本のみの計画であったが、開業前の1925(大正14)年12月19日に行き止まり式の側線2本を持つ仮設物使用を認可されている。つまり、車庫は当初、名義上は「仮設」であった。これは、金沢電気軌道鶴来駅との連絡工事が未成であることを理由に使用期限を延期し続けた。1929(昭和4)年8月28日認可申請で、貨物の発着が少ないことを理由に配線の一部を撤去し、機関車修繕用のアッシュピットを増設。1929(昭和4)年9月10日受付の7回目の仮設物使用期限延期申請では、延期理由が神社前駅共同使用実施後本設計とする、とある。1933(昭和8)年12月20日届出で貨物線(側線)を車庫線に変更。その理由として、貨物の取り扱い量が1ヶ月平均20t程度であり減少傾向にあること、また今後も増加の見込みがないことを挙げている。

1934(昭和9)年8月10日設計変更認可申請で、貨客ともに少なく将来の発展も見込ず、駅の管理は機関庫主任に任せる、として駅員無配置とした。

1949(昭和24)年12月の電化後しばらくして車庫は無くなり、1951(昭和26)年7月に0.4km加賀一の宮方に手取中島駅が新設されたこともあって1955(昭和30)年から1957(昭和32)年にかけて一旦廃止された。1950(昭和25)年10月1日発行の時刻表に加賀広瀬が記されていることから、復活時に広瀬に改称されたと推察する。復活後は盛土のホームに木製の小さな待合室があるだけの、駅員無配置の停留場となった。

■瀬木野(せぎの／4.5km／39人)
第一期開業時に停留場として開設。終始、駅員無配置であった。

■服部(はっとり／5.0km／0人)
1955(昭和30)年12月20日に開設。当初は行き違い

瀬木野駅。終始無人の停留場であった。　1981.2.22　P：寺田裕一

可能な閉塞取扱駅であったが、1970(昭和45)年4月1日に昼間時の運転がバス代行となると無人化され、以後はほとんどの列車が通過した。

■加賀河合(かがかわい／6.1km／31人)
第一期開業時に停留場として開設。1941(昭和16)年3月29日変更届で白山下起点10km822から11km023へ約200m瀬木野寄りに移転した。届出書類によれば、新設当時は集落間で停留場誘致の運動があったためその中間に設置したが、大日川停車場の開設により当停留場も適切な位置に移転したとのこと。

■大日川(だいにちがわ／6.4km／22人)
1934(昭和9)年6月16日から9月30日まで白山下起点10.3kmの地点(後の大日川より0.2km白山下方)に、鮎釣り客向けに大日川臨時停留場を設置したのがそのルーツである。このときは加賀河合までと同様の運賃を徴収したという。

1936(昭和11)年7月21日の大日停車場新設認可申請には、地元村民と陶器原石採取業者の要望によるもので、貨物の増加を期待する旨が記載されている。11月7日認可・11月17日工事施行認可・11月20日着工で、1937(昭和12)年10月5日に開設された(竣工届

は1938年7月16日)。竣工届までの申請書類はすべて大日停車場で、開業時に大日川と命名された模様。駅構内には駅西側の河合鉱山から索道により送られる陶石の積込施設が設けられていた。

■**下野**
(しもの／7.4km／19人)
　第一期開業時に開設。終始、盛土のホームに木製の小さな待合室があるだけの、駅員無配置の停留場であった。

河合鉱山の木製ホッパが聳える大日川駅。駅がなくなった今でも木製ホッパは残されている。手前が加賀一の宮方。　　　1981.2.22　P：寺田裕一

■**手取温泉**(てどりおんせん／8.5km／254人)
　第一期開業時に上野停留場として開業。1955(昭和30)年8月15日に手取遊園に改称された。手取遊園は金名線への旅客誘致を目的に北陸鉄道が同年9月15日に開設した遊園地であったが、1970(昭和45)年3月31日に閉園。駅名はその5年前の1965(昭和40)年に手取温泉に改称されている。

■**釜清水**(かましみず／9.6km／98人)
　第一期開業時に停留場として開設。鶴来まで全通後の1928(昭和3)年6月16日設計変更認可申請で、客貨の増加と輸送の円滑化を理由に停車場に変更された。
　戦時下の1942(昭和17)年11月27日には白山下起点4,787m80の本線より分岐する仮側線を約80m敷設することを申請した。これは石川木材株式会社が軍需用ならびに造船用として伐採したケヤキ材を輸送するのが目的とされ、使用期間は認可の翌日より50日間。転轍機に通票鎖錠器を設置し、釜清水駅長が管理するものとしていた。
　1956(昭和31)年8月15日に下り本線新設。最後まで閉塞取扱駅で、夜間は車輌・乗務員の滞泊があり、加賀一の宮とともに風格のある駅舎があった。

■**下吉谷**(しもよしたに／12.5km／62人)
　第一期開業時に停留場として開設。戦後、1956(昭和31)年10月1日には行き違い可能な閉塞取扱駅となったが、1966(昭和41)年12月21日に側線が廃止されて停留場に戻った。

■**西佐良**(にしさら／14.1km／66人)
　第一期開業時に開設された駅員無配置の停留場。1942(昭和17)年10月30日変更届で上屋を拡幅するとともにホームを延伸。下野と同じく、盛土のホームに木製の小さな待合室があるだけであった。

■**三ツ屋野**(みつやの／15.3km／41人)
　ここも第一期開業時に開設された駅員無配置の停留

加賀一の宮とは対照的に洋館風の造りだった手取遊園駅。
　　　1962.5.29　P：荻原二郎

釜清水駅。金名線の最後まで列車の行き違いがあり、駅員配置があった。　　　1983.8.29　P：寺田裕一

下吉谷駅。戦後一時期は列車の行き違いが行われたこともあった。
1983.8.29　P：寺田裕一

豪雪に埋もれた1981年2月の三ツ屋野駅。辛うじてホームが確保されている。
1981.2.22　P：寺田裕一

場で、終始、土盛のホームに木製の小さな待合室があるだけであった。

■**白山下**（はくさんした／16.8km／92人）

　第一期線開業時の起点であり、開業時から閉塞取扱駅として駅長が常駐した。1937（昭和2）年10月25日届で、貨物の増加を理由に構内配線と建造物を変更。1942（昭和17）年10月30日変更届で、貨物積卸場に至る道路を新設し、男性便所の位置を変更した。

　また、1942（昭和17）年11月25日には構内に自動車車庫1棟および従業員宿舎1棟設置の変更届をしているが、これは自動車運輸事業を1937（昭和12）年に譲り受けた際に引き継がれた、実際には1929（昭和4）年築のものであり、当時届出したものと誤認していた旨が記載されている。

白山下駅。駅前からはさらに手取川上流を目指すバスが接続していた。
1983.8.29　P：寺田裕一

　1970（昭和45）年4月1日に昼間時の運転がバス代行となり、釜清水～白山下間がスタフ閉塞式に変わると程なく無人化された。

■**鶴来町**

　1927（昭和2）年12月27日仮停車場設置認可。使用期限1928（昭和3）年6月30日で、仮停車場の理由は用地一部買収未了の為であった。その後、金沢電気軌道所属鶴来停車場への連絡工事未完成の為、使用期限を延長し続けた。神社前～鶴来町間が1929（昭和4）年3月11日に売却されると、程なく金沢電気軌道鶴来と統合されて、廃止された。

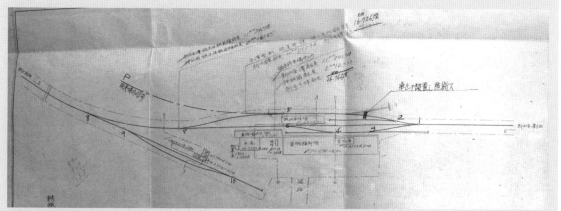

金名鉄道の神社前～鶴来町間が金沢電気軌道に譲渡された直後、1929年11月作成の金沢電気軌道・能美電気鉄道鶴来停車場平面図（左が白山下方）。駅前広場に食い込むように旧金名鉄道鶴来町駅が設けられているのが分かる。
所蔵：国立公文書館

8. 1980年当時の石川総線の車輌

　能美線が廃止された1980(昭和55)年当時の石川総線の旅客車は、電動客車14輌、制御客車4輌の計18輌。このほかに電気機関車2輌、内燃機関車2輌、貨車3輌が在籍していた。石川総線の平日朝ラッシュ時の運用本数は8本で、野町～鶴来間の最大輌数は3輌編成。電車は、親会社である名古屋鉄道からの譲渡車が多かったが、自社発注車も在籍していた(各形式の諸元は当時の車輌竣功図表より)。

■モハ3700形(3703・3704)

　元名古屋鉄道モ700形。名鉄が旧名古屋鉄道時代の1927(昭和2)年にデセホ700形として10輌を新造したもの。当初は名古屋市内のターミナルである柳橋駅まで市電の線路を経由していたため、パンタグラフとポールを併設していた。

　1964(昭和39)年、707～710の4輌が、名鉄岐阜工場において貫通路・乗務員扉の新設、前照灯のシールドビーム化、室内灯の蛍光灯化などの改造のうえ、北陸鉄道に転じ、3701～3704となった。これにより石川総線生え抜きのモハ3000形が金石線に転じている。

　入線時は石川総線の主力として活躍したが、名鉄からより大型の車輌が相次いで入線すると次第に活躍の範囲が狭まり、1978(昭和53)年にはモハ3740形に機器を提供する形で3701・3702が廃車。残る2輌は朝ラッシュ時を中心に使用されたが、能美線廃止により休車となり、1987(昭和62)年4月に廃車となった。

最大寸法：長さ15,024×幅2,438×高さ4,172mm
自重：26.5t　定員：100(座席44)人

■モハ3730形(3731・3732)

　1956(昭和31)年、将来の電動車化を念頭に置いた付随車サハ1000形(1001・1002)が日本車輌で新造された。2扉ロングシート、張り上げ屋根というスタイルで、石川総線でモハ3000形やモハ5100形と連結して使用されたのち、1966(昭和41)年5月に電動車化され、この際に貫通化されている。

　全長15.5mで、全長17m以上の車輌が多かった石川総線では異色であった。

　3732は元東急7000系と入れ替わりに1990(平成2)年12月廃車。3731はしばらく残存して1996(平成8)年3月に廃車となった。

最大寸法：長さ15,500×幅2,710×高さ4,000mm
自重：27.5t　定員：100(座席44)人

モハ3731　元サハ1001。製造翌年には加南線用としてよく似たクハ1001が製造され、後に石川総線に転入しているので注意を要する。　1986.6.1　野町　P：寺田裕一

モハ3732　元サハ1002。電装化翌年の姿。　1967.3.21　新西金沢　P：藤本哲男

モハ3701 元名鉄モ707。モハ3740形の投入により3702とともに廃車。名鉄モ700形は隣県の福井鉄道にも譲渡されているが、北陸鉄道、福井鉄道ともに本家である名鉄に残ったものよりも先に廃車となった。　　　　　　1968.1.15　新西金沢　P：風間克美

▲(左) モハ3703　元名鉄モ708。能美線廃止後は3704とともに長く休車状態で残存した。　1979.4.29　鶴来　P：元木史昭

▲(右) モハ3702　3701とともに1978年廃車。
1970.10.11　鶴来　P：藤本哲男

▶モハ3704　元名鉄モ709。モハ3700形は転入に際して両端に乗務員扉を新設したため、両端の客室用扉が縮小され、有効幅は560mmという極端に狭いにものになっていた。　1967.3.21　新西金沢　P：藤本哲男

モハ3744　元名鉄モ906。先に入線した元愛電3300形のモハ3770形と似た印象であるが、長さは1.5m余り短く、幅も40mmほど狭い。
1979.4.29　鶴来　P：元木史昭

モハ3742　元名鉄モ905。　1979.4.29　鶴来　P：元木史昭

モハ3743　元名鉄モ904。　1981.2.22　鶴来　P：寺田裕一

■モハ3740形（3741～3744）

　そのルーツは1931(昭和6)年、名鉄河和線の前身にあたる知多鉄道が開業に合わせて新造したクロスシート車デハ910形で、神宮前～知多半田間を35分で結んだ。名古屋鉄道合併によりモ910形となりロングシート化、1964(昭和39)年には電装解除されてク2330形となったが、その後瀬戸線への転属に際して再び電装されてモ900形となった。瀬戸線では1966(昭和41)年から特急車としても運用され、特急用に整備されたものは転換クロスシート、ミュージックホーンを装備していた。

　1978(昭和53)年の瀬戸線昇圧により名鉄廃車時の車号で903・904・905・906が北陸鉄道に転じ、3741・3743・3742・3744となった。北陸鉄道転入後も転換クロスシートはそのままで、1980(昭和55)年頃から外板の張り替え補修が行われ、施行された部分はリベットが無くなった。7000系と入れ替わりに1990(平成2)年12月に廃車となった。

最大寸法：長さ16,852×幅2,700×高さ4,123mm
自重：35.0t　定員：100(座席48)人

▶モハ3752 元モハ5002 貫通化直後の姿。本形式は窓の上部に2個1組(両端は単独)でRが付いた独特のデザインが特徴であった。 1967.3.21 新西金沢
P：藤本哲男

▼モハ3751 元モハ5001。7000系導入後も2006年まで在籍していた。
1970.10.11 鶴来
P：藤本哲男

■モハ3750形（3751・3752）

　1951（昭和26）年に加南線用のモハ5000形として広瀬車輌で新造された。山中・山代温泉への観光客利用も多い加南線初のクロスシート車であったが、1962（昭和37）年に6000系「くたに」、翌年に6010系「しらさぎ」が登場すると、モハ5000形は1964（昭和39）年に石川総線に転じ、ロングシート化された。

　その後、5001は1965（昭和40）年7月に、5002も1966（昭和41）年2月に制御器と主電動機を変更して、それぞれ3751・3752に改番。また、貫通路設置は3752が

雪原を駆けるモハ3751ほか2連の白山下行準急。石川総線に転入後、まだ非貫通時代の姿。　1968.1.15　日御子ー鶴来　P：風間克美

改番時、3751は1968(昭和43)年であった。

3752は1983(昭和58)年に、3751も1985(昭和60)年に車体の大改造を受け、前面方向幕取付、側窓のアルミサッシ化、車内の化粧板貼リ化など、近代的なスタイルとなった。

7000系入線後も予備車として残ったが、3751は2006(平成18)年10月に、3752も2007(平成19)年10月に廃車。3751は石川県加賀市の大聖寺流し舟に、また3752は千葉県いすみ市のポッポの丘に保存されている。

最大寸法：長さ17,350×幅2,740×高さ3,970mm
自重：28.8t　定員：110(座席52)人

■モハ3760形(3761・3762)

1951(昭和26)年に石川総線用のモハ5100形として3輌が登場。加南線モハ5000形と同時期の登場であるが、当初からロングシートである。5101が1963(昭和38)年に3005と衝突し、その復旧時に貫通化改造を受け、残る5102・5103も1969(昭和44)年に貫通化された。

5101はその後浅野川線に転じ、残る5102・5103は1971(昭和46)年に制御方式が変更されて3761・3762に改番。さらにモハ3750形と同様、車体の近代化改造を3761は1985(昭和60)年12月に、3762は1986(昭和61)年11月に受けている。

7000系入線により3762は1990(平成2)年12月に浅野川線へ転じてクハ1301となった後、浅野川線昇圧により、5101とともに1996(平成8)年12月に廃車。3761は1996(平成8)年から休車となり、2006(平成18)年12月に廃車となったが、能美線の営業最終日にヘッドマークを掲げて走行したこともあって能美市に無償譲渡され、旧能美市立博物館脇の「のみでん広場」に保存されている。

最大寸法：長さ17,350×幅2,740×高さ3,960mm
自重：27.60t(3762は31.00t)　定員：110(座席54)人

モハ3761　元モハ5102。能美線では最終日に運行された車輌のうちの1輌であった。　　　　1979.4.29　鶴来　P：元木史昭

モハ3762　元モハ5103。モハ5100形は加南線用として設計されたモハ5000形(→モハ3750形)とは同時期の生まれだが、こちらは屋根は張り上げではなく、窓の形状も一般的と、どちらかと言えば実用本意と言えるものであった。　　　　1979.4.29　白山下　P：元木史昭

モハ3772　元名鉄モ3303。風格ある18m級の堂々たる体躯が特徴であった。　1973.6.16　本鶴来　P：荻原俊夫

■ **モハ3770形（3772・3773）**

　元名古屋鉄道モ3300形の車体と、北陸鉄道の在来車の台車・機器を組み合わせたもので、1967（昭和42）年から翌年にかけて3輌が登場し、石川総線に配属された。石川総線初の18m級車体であった。

　名鉄モ3300形は、名鉄名古屋本線の豊橋方の前身である愛知電気鉄道がデハ3300形として1928（昭和3）年に日本車輌で新造したもので、一時は超特急「あさひ」として神宮前〜豊橋間を最速57分で走破するという俊足ぶりを発揮した。

　3771は1970（昭和45）年に事故廃車となり、残りの2輌は7000系と入れ替わるまで活躍した。

最大寸法：長さ18,450×幅2,742×高さ4,120mm
自重：34.2t　定員：148（座席58）人

■ **クハ1720形（1721〜1724）**

　モハ3770形と同じく愛知電気鉄道デハ3600形・サハ2040形をルーツとする名鉄モ3350形・ク2340形の車体と北陸鉄道の在来車の台車を組み合わせたもので、1967（昭和42）年に4輌が石川総線に配属され、

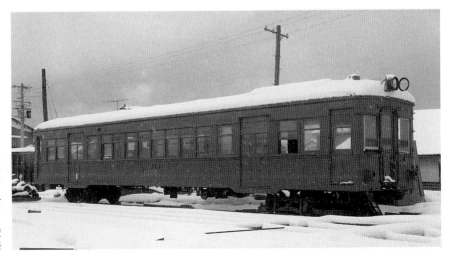

新西金沢に到着した名鉄モ3301の車体。台車は名鉄で転用されたため、仮の台車を履いている。この後KS-30L台車を履きモハ3773として竣功した。
1968.1.15　新西金沢
P：風間克美

クハ1721　元名鉄ク2344。この時は休車状態だったが、1724の離脱により復活した。　　　　　1979.4.29　新西金沢　P：元木史昭

クハ1723　元名鉄ク2341。1721とともに7000系導入まで活躍した。　　　　　　　　　　1981.2.22　鶴来　P：寺田裕一

朝夕のラッシュ時を中心に使用された。野町向きの片運転台で、両側貫通構造であったが、貫通路は使用していなかった。

　1721は能美線廃止の頃には休車となっていたが、1724が1984(昭和59)年の脱線事故により1986(昭和61)年6月廃車となり、代わりに1721が整備のうえ復活。1722は金名線の廃止で余剰となり1987(昭和62)年4月廃車。結局、1721・1723が7000系導入まで残存した。

最大寸法：長さ18,450×幅2,742×高さ3,870mm
自重：27.80t (1724は27.12t)
定員：158(座席62)人

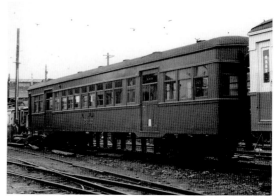

北陸鉄道に搬入された名鉄ク2342の車体。この後クハ1724として竣功した。　　　　1967.3.21　新西金沢　P：藤本哲男

クハ1724　元名鉄ク2342。クハ1720形の中では最初に廃車となった。　　　　　　　　　1979.4.29　鶴来　P：元木史昭

■ED20形（201）

　1938(昭和13)年4月木南車輌製の凸型機で、同年3月24日設計認可で金沢電気軌道ED1として登場した。当初はブリル27GE系台車を履く直接制御車で、ポールを前後につけていた。1949(昭和24)年10月の改番でED201となっている。

　主電動機の変更にはじまって、台車の交換、車体の延長、制御器のHL化、集電装置の変更など、数多の改造を重ねてきたが、2018(平成30)年現在も石川線の除雪用として健在であり、常時スノープラウをつけて鶴来で待機している。

最大寸法：長さ11,136×幅2,540×高さ3,950mm
自重：29.0t　主電動機：75kW×4
（1979年7月当時の除雪装置なしの数値）

■ED30形（301）

　1954(昭和29)年10月に東洋電機・東洋工機で新造された箱型機だが、東洋製電機の特徴である車体裾の丸みは無く台枠が見え、乗務員扉は正面右にある独特のデザイン。

　1976(昭和51)年4月1日の貨物営業廃止以降は専ら除雪用となった。1994(平成6)年に台車・主電動機を7000系と同様のものに更新し、機関車では珍しいカルダン駆動車となった。

　2010(平成22)年に廃車となり、鳥取県の若桜鉄道隼駅で保存されている。

最大寸法：長さ11,600×幅2,700×高さ3,960mm
自重：30.00t　主電動機：100HP×4

◀ED201　まだ貨物輸送に活躍していた頃の姿。
1970.10.11　新西金沢
P：藤本哲男

▼ED301　鉄道省の電気式気動車キハニ36450形の動台車を流用したものと言われる台車を履いていた。
1968.1.15　新西金沢
P：風間克美

DL 1 晩年は鶴来駅構内で検査入場車の入換車としても使用された。　　　　　　　　　1980.3.5　鶴来　P：名取紀之

DL31 特に積雪の多い金名線では活躍した。
　　　　　　　　　　　　　　1980.3.5　鶴来　P：名取紀之

■DL１形(DL１)
　1966(昭和41)年富士重工業製の軌道モーターカーTMC100-BS。保線や除雪に使用された。2007(平成19)年10月に除籍。
最大寸法：長さ6,626×幅2,652×高さ2,650mm
　　　　　（除雪装置なしの場合は5,217×2,084×2,650）
自重：10.5t（除雪装置なしの場合は7.6t）

■DL３形(DL31)
　1979(昭和54)年６月に国鉄より譲り受けた元金沢保線区所属のロータリー式除雪車。1963(昭和38)年新潟鐵工所製で、片側にロータリーヘッド、反対側にラッセルヘッドを持つ。2007(平成19)年10月に除籍。
最大寸法：長さ11,474×幅4,500×高さ3,450mm
　　　　　（除雪装置なしの場合は7,078×2,600×3,450）
自重：17.7t（除雪装置なしの場合は13.7t）

■ト１形(１・２)
　1936(昭和11)年11月日本車輌製の10t積２軸無蓋貨車。竣功図の前所有者欄には金沢電気軌道、旧番号欄にはト１～３・８～10と記されていて、それらの内の２輌と思われる。1993(平成５)年３月廃車。
最大寸法：長さ6,366×幅2,590×高さ1,930mm
自重：6.7t　荷重：10.0t（石炭荷重：8.0t）

■ホム１形(１)
　近江鉄道から1967(昭和42)年７月に譲り受けたホッパ車で、北陸鉄道ではバラスト散布用として使用した。記録上は1961(昭和36)年西武所沢工場製の元西武鉄道ホム３であるが、実際には1914(大正３)年東京石川島造船所製の小倉鉄道セム１形(国有化後セム

ト１形 晩年は加賀一の宮駅に２輌で留置されていることが多かった。　　　　　　1986.6.1　加賀一の宮　P：寺田裕一

3750形)石炭車を西武鉄道が譲り受けたものと云われる。2007(平成19)年10月に廃車となり、個人に取られたのち、現在は3761と同じく「のみでん広場」に保存されている。
最大寸法：長さ6,210×幅2,309×高さ2,340mm
自重：7.3t　荷重：15t

ホム１ 能美線健在のころは旧天狗山駅の側線を定宿のようにしていた。　　　　　　　　1986.6.1　鶴来　P：寺田裕一

石川総線 忘れ得ぬ車輌たち

EB111 北陸鉄道には電車から車種変更された小型電気機関車が多かったが、これもその1輌。元は温泉電軌デハ2→モハ551→モヤ551で、加南線から小松線を経て石川総線に入線した。2軸電車の姿のまま新西金沢や新寺井の入換えに用いられていた。
1962.5.29 新寺井　P：荻原二郎

モハ3710形（3712）
金沢電気軌道デホニ100形由来のモハ1500形のうち2輌を1964年に自社工場で大改造したもの。当初はモハ3020形を名乗った。車体は種車の面影を留めないものの、ノーシル・ノーヘッダにいわゆるバス窓の、いかにも改造車らしい独特の姿であった。　1968.1.15 鶴来
P：風間克美

モハ3152＋サハ611
モハ3150形は元伊那電デ120形。買収後モハ1920形となっていた5輌のうちの4輌を1955年に北陸鉄道が購入しモハ3100形とした後、モハ3150形とクハ1150形とした。国鉄モハ1920形の残り1輌は新潟交通モハ16(二代)となっている。後ろに続くサハ611は元能登鉄道の客車ホハ1。石川総線では珍しいクロスシート車だった。
1962.5.29　P：荻原二郎

ED311
もともと電動貨車として製作された木製電機ED251を1961年に自社工場で鋼体化改造したもの。張り上げ屋根に中央貫通扉と、メーカー製のED301よりも電気機関車らしい姿をしていた。
1968.1.15 鶴来
P：風間克美

おわりに

　自然災害を理由に不通となり、そのまま廃止された鉄道路線は少なくない。近年では高千穂鉄道や岩泉線の例が思い出されるが、金名線の場合は、手取川橋梁の橋台を支えている岩盤が風化して危険な状態であることが休止の理由であった。いわば経年劣化によるものであって、台風や水害によるものとは理由をやや異にするもので、あるいは修復も不可能ではなかったかもしれない。それがなされなかったのは、この路線がすでに大量輸送という鉄道の特性を発揮できる状況ではなくなり、鉄道としての使命を終えていたことに他ならない。風光明媚な沿線風景を持っていただけに、活かしようはなかったのかという思いは募るが、北陸鉄道としても同じ思いで、他の多くの鉄軌道路線を廃止したのちも金名線の営業を続けていたものと思われる。いずれにしても、予告のない突然の別れは残念でならなかった。

　本書出版に当たり、2018(平成30)年7月15日に廃線跡を訪れた。その率直な感想は、こんな過疎地に鉄道が通じていたことこそが驚き、であった。

■

　本書出版にご協力いただいた関係各位に御礼申し上げます。

　　　　　　　　　　　　　　　　　　　寺田裕一

所蔵：寺田裕一

●参考文献
『北鉄の歩み』(1974年 北陸鉄道)
「其后の北陸鉄道」宮田雄作(『Romance Car』No.14所収／1951年 東京鉄道同好会)
「昭和24・30年代の北陸鉄道の車輌」宮田雄作(『レイル1980夏の号』所収／1980年 プレス・アイゼンバーン)
『レイルNo.46 私鉄紀行／北陸道点と線(下)』湯口徹(2003年 プレス・アイゼンバーン)
「私鉄車輌めぐり 近江鉄道」白土貞夫(『私鉄車輌めぐり特輯第Ⅱ輯』所収／1977年 鉄道図書刊行会)
「私鉄車輌めぐり 北陸鉄道」西脇恵(『私鉄車輌めぐり特輯第Ⅲ輯』所収／1982年鉄道図書刊行会)
「北陸鉄道」西脇恵(鉄道ピクトリアルNo.461所収／1986年 鉄道図書刊行会)
『鉄道ピクトリアル増刊 新車年鑑』各年度版(電気車研究会)
『鉄道ファンのための私鉄史研究史料』和久田康雄(2014年 電気車研究会)
『私鉄全線全駅』(1980年 主婦の友社)
『日本鉄道旅行地図帳6号』(2010年 新潮社)
『内燃動車発達史(上・下)』湯口徹(2005年 ネコ・パブリッシング)
『写真で見る西武鉄道100年』(2013年 ネコ・パブリッシング)
『機関車表フル・コンプリート版DVDブック』沖田祐作(2014年 ネコ・パブリッシング)
『RM LIBRARY131 出石鉄道』安保彰夫(2010年 ネコ・パブリッシング)
『RM LIBRARY219 加越能鉄道加越線』服部重敬(2017年 ネコ・パブリッシング)

1981.2.22　4105列車　三ツ屋野－西佐良　P：寺田裕一